हमारे लोकप्रिय गीतकार

गोपालदास 'नीरज'

सम्पादक

शेरजंग गर्ग

वाणी प्रकाशन

वाणी प्रकाशन
4695, 21-ए, दरियागंज, नयी दिल्ली 110 002
फ़ोन : +91 11 23273167 फ़ैक्स : +91 11 23275710
शाखाएँ
अशोक राजपथ, पटना 800 004, बिहार
कॉफ़ी हाउस कैम्पस, महात्मा गांधी मार्ग, इलाहाबाद 211 001, उत्तर प्रदेश
महात्मा गांधी अन्तरराष्ट्रीय हिन्दी विश्वविद्यालय, वर्धा 442 001, महाराष्ट्र
www.vaniprakashan.in
marketing@vaniprakashan.in
sales@vaniprakashan.in

HAMARE LOKPRIYA GEETKAR : GOPALDAS 'NEERAJ'
Edited by Sherjung Garg

ISBN : 978-93-88684-77-4
Poetry/Ghazals

संस्करण 2004, 2008, 2011, 2012
आवृत्ति 2019

मूल्य : ₹ 150

सिटी प्रेस, दिल्ली-110 095 में मुद्रित

वाणी प्रकाशन का लोगो मक़बूल फ़िदा हुसेन की कूची से

गोपालदास 'नीरज' : प्रेमगीतों का मसीहा

प्रेम-प्रणय के गीत कबीर, सूर, मीरा ने भी गाए, निराला, प्रसाद, पंत ने भी और उसके बाद महादेवी, बच्चन, नेपाली, नरेन्द्र शर्मा और बलबीर सिंह रंग ने भी। अज्ञेय, शमशेर, त्रिलोचन, केदारनाथ सिंह जैसे अनेक कवियों ने प्रेम को अपनी-अपनी शैली में व्यक्त किया। सभी का अंदाज़ और अनुभूति और अभिव्यक्ति अपना-अपना रंग लिए हुए थी। इन सभी कवियों ने अपनी-अपनी सामर्थ्यानुसार जनमानस को छुआ। संसार की प्रत्येक भाषा में प्रेम कविता का विशेष महत्त्व रहा है। गुरुदेव रवीन्द्रनाथ ठाकुर की अमर कृति 'गीतांजलि' में मानवीय प्रेम के साथ-साथ प्रेम की विभिन्न छवियों को सहजता से देखा-परखा जा सकता है। कविता में लय, छंद और संगीत की सदियों पुरानी परंपरा का निर्वाह आज भी हो रहा है। उर्दू की समस्त उल्लेखनीय शायरी का स्रोत 'इश्क' ही रहा है, भले ही वह इश्क हक़ीक़ी हो, अथवा इश्क मिजाज़ी। 'नीरज' के प्रेमकाव्य अथवा गीतों में पृष्ठभूमि के रूप में यदि विश्व की समस्त महान कविता को मान लिया जाए तो भी 'नीरज' प्रेम के अत्यंत मौलिक व्याख्याता के रूप में सामने आते हैं।

'नीरज' का उदय आज से लगभग साढ़े पाँच दशक पूर्व हुआ था। फिर उन्होंने ख्याति के जिन सोपानों को एक-एक करके छूना शुरू किया, उससे कविता की मंचीय दुनिया में एक नई क़िस्म की हलचल देखने में आई। देखते-देखते 'नीरज' मंच के सर्वाधिक लोकप्रिय कवियों की श्रेणी में आ गए। बच्चन, नेपाली, शिवमंगल सिंह 'सुमन', शंभुनाथ सिंह, बलबीर सिंह रंग, देवराज दिनेश के साथ-साथ युवा और आकर्षक व्यक्तित्व का धनी कवि 'नीरज' भी काव्य रसिकों की आशा का केंद्र बन गया और अपनी लोकप्रियता से आश्वस्त होकर 'नीरज' को स्वयं कहना पड़ा :

अब ज़माने को ख़बर कर दो कि 'नीरज' गा रहा है
जो झुका है वह उठे अब सर उठाए
जो रुका है वह चले नभ चूम आए
जो लुटा है वह नये सपने सजाए
जुल्म शोषण को खुली देकर चुनौती

प्यार अब तलवार को बहला रहा है।

तीखे नाक-नक्श, गौर वर्ण, छरहरे बदन के कवि 'नीरज' जब हज़ारों की भीड़ में सुरीले कंठ से दर्द भरी अनूठी शैली में ये पंक्तियाँ सुनाते थे तो ठसाठस भरे पंडालों में मौजूद श्रोता समुदाय झूम-झूम उठता था, उसे लगता था कि समूचे संघर्षशील समाज की व्यथाओं और आकांक्षाओं को वाणी देने वाले कवि के रूप में 'नीरज' उनके मध्य विद्यमान है। यहाँ 'नीरज' एक नई आशा भरी चुनौती की शक्ल में अपनी पहचान बना रहा था। इसके बाद उसने कभी पीछे की ओर मुड़कर नहीं देखा।

इस आशा भरी उठान से पूर्व 'नीरज' जिस दैनंदिन संघर्ष से दो-चार हुआ था, वह कोई साधारण जद्दोजहद नहीं थी। गरीबी और अभावों से भरपूर बचपन और किशोरावस्था गुज़ारकर 'नीरज' ने यश और कीर्ति का संसार प्राप्त किया। 'नीरज' का पारिवारिक जीवन दुखों और पीड़ाओं से भरा था। जब 'नीरज' मात्र 6 वर्ष की अबोध अवस्था में थे, उनके पिता बाबू ब्रजकिशोर का स्वर्गवास हो गया। अल्पावस्था में पिता का बिछोह अत्यंत दारुण था। बाबू ब्रजकिशोर ने मृत्यु से पूर्व अपनी ज़मीन-जायदाद बेचकर खानपुर स्टेट में नौकरी कर ली थी। पुश्तैनी जायदाद पहले ही बिक जाने के कारण परिवार चलाने के लिए कोई आधार शेष नहीं रह गया था। ऐसे संघर्षपूर्ण समय में 'नीरज' ने टाइपिस्ट की नौकरी की, और नौकरी के दौरान अपनी पढ़ाई पूरी करके पहले मेरठ कॉलेज में और फिर धर्म समाज कॉलेज, अलीगढ़ में हिंदी के प्राध्यापक बने।

'नीरज' को अपनी दसों दिशाओं में फैली कीर्ति और हरदिल अजीज़ी का भी कम मूल्य नहीं चुकाना पड़ा है। मेरठ कॉलेज में प्राध्यापक के दौरान उन्हें कॉलेज प्रशासन का कोपभाजन बनना पड़ा था। उन पर कक्षाएँ न लेने और रोमांस चलाने के आरोप लगाए गए थे। फलतः 'नीरज' ने कुपित होकर मेरठ कॉलेज छोड़ दिया। फिर वह अलीगढ़ में धर्म समाज कॉलेज में प्राध्यापक बनकर चले गए। यहाँ रहते वॉलीवुड के कई निर्माताओं ने फिल्मों में गीत लिखने का निमंत्रण दिया और इस क्षेत्र में उनकी शुरुआत 'नई उमर की नई फसल' से हुई। 'मेरा नाम जोकर', 'शर्मीली', और 'प्रेम पुजारी' प्रभृति फिल्मों में नीरज ने गीत लिखे और खूब पसंद किए गए। उनके फिल्मी गीत भी इस क़दर सराहे गए कि ईर्ष्यालुओं की भीड़ लग गई। हुआ यों कि हिंदी गीतकारों में प्रदीप, नेपाली, नरेन्द्र शर्मा, भरत व्यास, इंदीवर के साथ-साथ 'नीरज' भी एक स्टार गीतकार बन चुके थे।

परंतु यह भी एक सच्चाई है कि साहित्य की दुनिया में समीक्षकों, आलोचकों ने 'नीरज' को अपेक्षित महत्त्व नहीं दिया। उन्हें मात्र कवि सम्मेलनी और नई काव्य चेतना से बेख़बर बताया गया। उस समय के अधिकांश गीत कवियों को 'गीतकार' की संज्ञा देकर उपेक्षा भाव से खारिज कर दिया गया। 'गीतकार' शब्द के प्रयोग में निहित उपेक्षा की गंध छिपी नहीं रह सकी। इससे 'नीरज' के अहं को ठेस लगी

और उन्होंने मात्र प्रयोगशील छंद विहीन, व्यक्तिवादी कविता को ही काव्य **मानने** वाले समीक्षकों के प्रति निम्नांकित आक्रोश व्यक्त किया :

दोस्त ! तुम ठीक ही कहते हो
सचमुच मैं कवि नहीं हूँ !
होते हैं कवि, वे नहीं गाते हैं
दुखी-दलित जनता के पास नहीं जाते हैं,
जाते भी हैं, तो शरमाते हैं।

अपने ही बंद कमरे में
साधना करते हैं
लिखते हैं,
पढ़ते हैं
मौत आती है मर जाते हैं।
और मैं गाता हूँ, दुनिया को भाता हूँ।
लाख-लाख लोगों की चोटें सहलाता हूँ।
घावों पर मरहम लगाता हूँ।

कवि 'नीरज' ने इस कविता में अपने-अपने अँधेरे बंद कमरों में क़ैद, दीन-दुखियों की पीड़ाओं से बेख़बर व्यक्तिगत कुंठाओं से ओत-प्रोत, लय छंद के दुश्मनों पर व्यंग्य करने के साथ-साथ अत्यंत पीड़ित स्वरों में कविता की परंपरागत पहचान को लुप्त करने की साज़िश पर कटाक्ष किया था। कला पर छाई पाश्चात्य सभ्यता की छाप, साहित्यिक फैशनों के महाबवंडर को चुनौती देते हुए कविता के प्राण छंद और लय को प्रतिष्ठित करने की गुहार भी लगाई थी।

कविता के संबंध में 'नीरज' ने 'दर्द दिया है' की भूमिका में कहा है, ''जब लिखने के लिए लिखा जाता है तब जो कुछ लिखा जाता है उसका नाम है गद्य। पर जब लिखे बिना न रहा जाए और जो खुद लिख-लिख जाए उसका नाम है कविता। मेरे जीवन में कविता लिखी नहीं गई, खुद 'लिख लिख' गई है, ऐसे ही जैसे पहाड़ों पर निर्झर और फूलों पर ओस की कहानी। जिस प्रकार 'जल-जलकर बुझ जाना' दीपक की विवशता है। उसी प्रकार 'गा-गाकर चुप हो जाना' मेरे जीवन की मजबूरी है। गा-गाकर चुप हो जाने की इस मजबूरी के कारण ही 'नीरज' ने जो भी लिखा है गाकर लिखा है, गाते हुए लिखा है।''

'नीरज' ने मानव प्रेम के गीत गाए हैं, प्रकृति प्रेम के गीत गाए हैं, प्रेयसी को संबोधित गीत गाए हैं, संपूर्ण मानवता के दुख-दर्द को रेखांकित करने वाले विद्रोही गीत गाए हैं, समाज और राष्ट्र को जागरण का मंत्र देने वाले गीत गाए हैं; और राजनीति की विसंगतियों को उजागर करने वाले गीत गाए हैं; आध्यात्मिक और संसारी

प्रेम के गीत गाए हैं। उनके संपूर्ण गीत-काव्य में आत्मीय संबोधन सदैव विद्यमान रहा है। गीत की सार्थकता का बयान 'नीरज' ने इन शब्दों में किया है :

दुनिया के घावों पर मरहम जो न बने
उन गीतों का शोर मचाना पाप है।

या

मैंने तो चाहा बहुत कि अपने घर में रहूँ अकेला पर—
सुख ने दरवाज़ा बंद किया दुख ने दरवाज़ा खोल दिया।

समाज के विभिन्न वर्गों, साहित्यिक मान्यताओं के समस्त क्षेत्रों, व्यापारियों, डॉक्टरों, वकीलों, विद्यार्थियों और बुद्धिजीवियों द्वारा अपने-अपने ढंग से सराहे जाने वाले 'नीरज' के बारे में कालजयी कवि गजानन माधव मुक्तिबोध ने 'एक साहित्यिक की डायरी' में लिखा है कि उनकी पत्नी को 'नीरज' की कविताएँ पसंद हैं। अशोक वाजपेयी ने सुदूर विदेश जाकर पाया कि वहाँ हिंदी कवि के रूप में लोग मात्र 'नीरज' का ही नाम जानते हैं। 'कारवाँ गुजर गया गुबार देखते रहे', 'जिंदगी की धार को पहाड़ से उतार दो', 'अब तो मज़हब कोई ऐसा भी चलाया जाए', 'जिसमें इंसान को इंसान बनाया जाए' जैसी सैकड़ों गाई-गुनगुनाई जाने वाली पंक्तियों के कारण 'नीरज निशाएँ, नीरज अभिनंदन समारोह' आज एक सामान्य-सी घटनाएँ हो गई हैं। 'नीरज' के काव्य पर अनेकों विश्वविद्यालयों में शोध हो चुका है, हो रहा है, बहुत से पाठ्यक्रमों में 'नीरज' की कविताएँ समाविष्ट हैं, जीवित कवियों में बच्चन के बाद 'नीरज' ही ऐसे कवि हैं जिनकी रचनावली प्रकाशित हुई है।

अपार लोकप्रियता अर्जित करने वाले 'नीरज' अपने निजी जीवन की विभिन्न घटनाओं, अपने प्रेम प्रसंगों यहाँ तक कि अपनी शोहरत आदि के कारण कितने ही विवादास्पद रहे हों, मगर साहित्यिक विवादों से वह प्रायः बचते रहे हैं। इसका एक प्रमाण है ग़ज़ल संबंधी उनका हिंदी नामकरण 'गीतिका'। यह सर्वविदित है कि हिंदी कविता के क्षेत्र में ग़ज़ल एक नये रूप में सामने आई है। अत्यंत आधुनिक रचनाकारों का स्मरण करें तो 'नीरज' के समकालीन कवियों में शंभुनाथ शेष, बलबीर सिंह रंग, रामावतार त्यागी और दुष्यंत कुमार आदि ने हिंदी में ग़ज़लें कहने का अभियान चलाया तो 'नीरज' ने ग़ज़लें कहने के बावजूद उन्हें ग़ज़ल न कहकर 'गीतिका' का नाम दिया। इस तरह 'नीरज' 'ग़ज़ल' की तकनीक सिद्ध करने की ज़हमत से बच गए। उन्होंने स्वच्छंद भाव से 'गीतिकाएँ' लिखीं और उनमें 'नीरज' का रंग भरा। एकदम सीधे मार करने वाली भाव प्रवणता आमफ़हम शब्दावली और ग़ज़ल की बेसाख्ता कहन के कारण 'नीरज' की ये 'गीतिकाएँ' जन-जन में प्रिय बन गईं। 'नीरज' की शिरकत मात्र कवि सम्मेलनों में नहीं अपितु मुशायरों में भी होने लगी। उनके अशआर उर्दू के बड़े शायरों के कलाम के समान उद्धृत किए गए। हाँ, गीतिका का नाम देकर 'नीरज' ने स्वयं को हिंदी-उर्दू के किसी भी विवाद से बड़ी आसानी से बचा लिया।

अपने एकमात्र ग़ज़ल संकलन 'नीरज की गीतिकाएँ' में उन्होंने अपने मंतव्य को स्पष्ट करते हुए लिखा भी है—"मेरे इस संकलन में ऐसी काफी ग़ज़लें हैं जो उर्दू ग़ज़ल के छंद विधान पर सही उतरता हैं, मगर साथ ही कुछ ऐसी ग़ज़लें भी हैं जो गीत के छंद विधान के अधिक निकट हैं। ये शुद्ध रूप से न तो गीत ही हैं, न ग़ज़ल ही। बल्कि दोनों की मिली-जुली संगत है। इसलिए मैंने उन्हें 'गीतिका' कहा है।"

'नीरज' ने उर्दू रुबाइयों की तर्ज़ पर मुक्तक लिखे, या कम से कम उन्हें रुबाई न कहकर मुक्तक कहा। 'नीरज' के मुक्तक भी बेहिसाब सराहे गए। इसका एक कारण 'नीरज' की मिली-जुली गंगा-जमुनी भाषा थी। जिसे पढ़ने-समझने के लिए शब्दकोश उलटने की ज़रूरत नहीं थी। इसमें हिंदी का संस्कार था तो उर्दू की ज़िंदादिली। इन दोनों खूबियों के साथ 'नीरज' के अंदाज़े बयाँ ने अपना हुनर दिखाया और उनके मुक्तक भी उनकी गीतिकाओं के समान यादगार तथा मर्मस्पर्शी बन गए।

यों तो संसार के प्रत्येक श्रेष्ठ कवि, अज़ीम शायर ने प्रेम और मोहब्बत के गीत गाए हैं, तराने छेड़े हैं, मगर गीतकार 'नीरज' का प्रेम सार्वजनीन है जिसमें संगीत, लय, मनुष्यता और संवेदना की पताका दूर-दूर तक लहराती है और कविता की दुनिया के करोड़ों बाशिंदों को सम्मोहित करती है।

कवि 'नीरज' की घनघोर लोकप्रियता का असर था कि वह भारत के प्रत्येक ग्राम, कस्बे, नगर और महानगर में कभी पत्र-पत्रिकाओं, कभी आकाशवाणी, कभी दूरदर्शन और कभी कवि सम्मेलनों के माध्यम से इतने ज्यादा पहुँचे या कहिए कि घर-घर में पहुँचे कि उन्हें चाहने वालों, उनके गीतों को गुनगुनाने वालों, उन्हें प्रेम-पत्र लिखने वाली युवतियों और उनकी प्रशंसा को आतुर युवकों की तादाद बेशुमार होगी। 'नीरज' की एक अंग्रेजीदां प्रशंसिका प्रेमिका ने उनके प्रति आत्मीयता जताते हुए इतने पत्र लिखे कि एक पूरी पुस्तक 'लिख लिख भेजत पाती' नाम से तैयार हो गई। पातियों का यह सिलसिला यहीं समाप्त नहीं हुआ अपितु 'नीरज' ने विभिन्न स्थितियों, समस्याओं, संकटों और सरोकारों पर अपनी प्रतिक्रियाओं को पातियों के रूप में लिखा। 'नीरज' की पाती की प्रारंभिक पंक्तियाँ यों हैं :

आज की रात तुझे आखिरी ख़त और लिख दूँ
कौन जाने यह दिया सुबह तक जले न जले ?
बम्ब, बारूद के इस दौर में मालूम नहीं
ऐसी रंगीन हवा फिर कभी चले न चले ?
ज़िंदगी सिर्फ है खुराक टैंक तोपों की,
और इंसान है इक कारतूस गोली का।

सभ्यता घूमती लाशों की इक नुमायश है
और है रंग नया खून नयी होली का।

आज से लगभग पैंतालिस वर्ष पूर्व लिखी गई यह पाती विश्व में छाई युद्ध की विभीषिका के समय कितनी सटीक और प्रामाणिक सिद्ध हो रही है, यह बतलाने की आवश्यकता नहीं है। अपने संघर्ष के साक्षी नगर कानपुर के नाम लिखी 'नीरज' की पाती, 'नीरज' के व्यक्तिगत दर्दों का मुँह बोलता आईना है। अज्ञात साथी के नाम, नील की बेटी के नाम, काश्मीर के नाम, पाकिस्तान के नाम, दक्षिण अफ्रीका की रंगभेदी नीति के नाम, पुरानी पीढ़ी के नाम, समकालीन गीतकार के नाम, पुर्तगाल के नाम और फिरकापरस्तों के नाम लिखी गई 'नीरज' की पातियाँ उनके व्यापक मानवीय, राष्ट्रीय-अंतर्राष्ट्रीय सरोकारों की रचनाएँ हैं जो अपने प्रत्येक शब्द, प्रत्येक पंक्ति में उनकी संवेदनशीलता और परदुखकातरता का प्रमाण है।

कवि 'नीरज' का नाम किसी भी साहित्यिक सांस्कृतिक आयोजन की सफलता का पर्याय है। 'नीरज' की मौजूदगी से यह ख़बर दूर-दूर तक पहुँच जाती है कि कवि सम्मेलन में श्रेष्ठ कवि ही पहुँचे होंगे, हल्के-फुल्के गीत या लतीफ़े सुनाने वाले नहीं। अपनी कविता के कारण वे या तो अध्यक्ष बनाए जाते हैं अथवा विशेष अतिथि। इस नाते उन्हें सबके बाद ही बोलना होता है और उन्हें सुनने को बेक़रार काव्य रसिक अंत तक दम साधे बैठे रहते हैं। जिस प्रकार किसी कथा अथवा विचार गोष्ठी में नामवर सिंह और कमलेश्वर को सुने बिना कोई घर जाना नहीं चाहता वैसे ही 'नीरज' के कारण कवि सम्मेलनों में सरगर्मी का माहौल बना रहता है।

'नीरज' की लोकप्रियता का आकलन यों तो बहुत सीधा, सरल, सपाट नहीं है, फिर भी फिल्मी दुनिया में जो मुक़ाम कभी देवानंद, दिलीप कुमार, राजकपूर अथवा आज अमिताभ बच्चन का, क्रिकेट में सुनील गावस्कर, कपिल देव और सचिन तेंदुलकर का, संगीत में लता मंगेशकर का, ग़ज़ल गायिकी में जगजीत सिंह का रहा है, कवि-सम्मेलनों में लगभग वही स्थान 'नीरज' का है।

आज जबकि कवि सम्मेलनों में पहले जैसी साहित्यिक गरिमा नहीं रह गई है, मंच हल्की-फुल्की रचनाओं का बाज़ार बन गया है, 'नीरज' की मौजूदगी ताज़ा हवा के झोंके का काम करती है। हर उम्र के श्रोता, हर वर्ग के काव्य-प्रेमी उन्हें सुनने आते हैं, अपने निकट महसूस करने आते हैं और उन्हें जी भरकर देखने आते हैं ताकि अपने संस्मरणों में, अपनी बातों में यह वाक्यांश जोड़ सकें कि उन्होंने 'नीरज' को देखा है।

शेरजंग गर्ग

कविता-क्रम

मुक्तक और गीतिकाएँ

कफ़न बढ़ा तो

कफ़न बढ़ा तो किस लिए नज़र तू डबडबा गई ?
सिंगार क्यों सहम गया बहार क्यों लजा गई ?
न जन्म कुछ न मृत्यु कुछ बस इतनी सिर्फ़ बात है—
किसी की आँख खुल गई, किसी को नींद आ गई।

बाग़ को देख

बाग़ को देख तो फिर सिर्फ़ फूलपात न देख
यानी पहचान खिलाड़ी को, बस बिसात न देख
मेरी डोली की ग़रीबी पै ओ हँसने वाले !
मेरी दुल्हन को देख लौटती बरात न देख

बीच अपने है जो परदा

बीच अपने है जो परदा वह उठा देता हूँ,
ज्ञान को भक्ति के हाथों से सजा़ देता हूँ।
अब जो आती है कभी याद मुझे तेरी तो
अपनी तस्वीर ही सीने से लगा लेता हूँ।

आह वह रूप

आह वह रूप, वह यौवन, वह निरी शोख़, छटा
जिसने देखी न, तेरे दर से वो फिर दूर हटा,
गोरे मुखड़े पै वो बिखरी हुई बालों की लटें
चाँद को जैसे लिए गोद हो सावन की घटा।

है नहीं कोई कमी

है नहीं कोई कमीं, पर कुछ कमी लगती है दोस्त।
मुस्कराती आँख भी हर शबनमी लगती है दोस्त।
है बिछुड़ तुझसे गई, जब से उमर की राधिका—
तबसे अपनी साँस तक भी अजनबी लगती है दोस्त !

जहाँ मैं हूँ

जहाँ मैं हूँ वहाँ उम्मीद पैहम टूट जाती है
जवानी हाथ मल-मलकर वहाँ आँसू बहाती है
चमन है, फूल हैं, कलियाँ हैं, खुशबू भी है रंगत भी
मगर आकर वहाँ बुलबुल तराने भूल जाती है

उड़ने के लिए ही जो है बनी

उड़ने के लिए ही जो है बनी, वह गन्ध सदा उड़ती ही है,
चढ़ने के लिए ही जो है बनी, वह धूप सदा चढ़ती ही है,
अफ़सोस न कर सलवट है पड़ी गर तेरे उजले कुरते में
कपड़ा तो है कपड़ा ही आख़िर कपड़ों में शिकन पड़ती ही है।

खुशी जिसने खोजी

खुशी जिसने खोजी वह धन लेके लौटा,
हँसी जिसने खोजी चमन लेके लौटा,
मगर प्यार को खोजने जो चला वह
न तन लेके लौटा, न मन लेके लौटा।

रात इधर ढलती तो

रात इधर ढलती तो दिन उधर निकलता है,
कोई यहाँ रुकता तो कोई वहाँ चलता है,
दीप औ' पतंगे में फ़र्क़ सिर्फ़ इतना है
एक जलके बुझता है, एक बुझके जलता है।

उनकी ख़ातिर तो यहाँ

उनकी ख़ातिर तो यहाँ हमको बदलना ही पड़ा,
चाँद बनने के लिए सूर्य को ढलना ही पड़ा,
नभ के तारे न करें व्यंग्य कहीं धरती पर
इसलिए रात में हर दीप को जलना ही पड़ा।

बन गए हुक्काम वे

बन गए हुक्काम वे सब जोकि बेईमान थे,
हो गए लीडर की दुम, जो कल तलक दरबान थे,
मेरे मालिक ! और तो सब हैं सुखी तेरे यहाँ,
सिर्फ़ वे ही हैं दुखी जो कुछ न बस इन्सान थे।

छेड़ने पर मौन भी

छेड़ने पर मौन भी वाचाल हो जाता है, दोस्त !
टूटने पर आईना भी काल हो जाता है, दोस्त !
मत करो ज़्यादा हवन तुम आदमी के ख़ून से
जलके काला कोयला भी लाल हो जाता है दोस्त !

था कण्ठ अपना ही बेसुरा

था कण्ठ अपना ही बेसुरा, तार तो कोई बेसुरा न देखा,
थी शक्ल अपनी ही नक्ल, शीशा तो कोई खोटा-खरा न देखा,
न दोष तुमको, न दोष हमको, यह अपनी-अपनी नज़र है भाई !
कि तुमने कोई भला न देखा, कि हमने कोई बुरा न देखा।

नेताओं ने गांधी की

नेताओं ने गांधी की क़सम तक बेची,
कवियों ने निराला की क़लम तक बेची,
मत पूछ कि इस दौर में क्या-क्या न बिका
इन्सानों ने आँखों की शरम तक बेची।

एक चीज़ है

एक चीज़ है जो अभी खोके अभी खोनी है,
एक बात है जो अभी होके अभी होनी है,
ज़िन्दगी नींद है जो जागकर आने वाली
जो अभी सो के अभी सोई अभी सोनी है।

चार विचार

एक

जो पुण्य करता है वह देवता बन जाता है,
जो पाप करता है वह पशु बन जाता है,
और जो प्रेम करता है वह आदमी बन जाता है।

दो

जब मैंने प्रेम किया तो मुझे लगा जीवन आकर्षण है,
जब मैंने भक्ति की तब मुझे लगा जीवन समर्पण है
किन्तु जब मैंने सेवाव्रत लिया तब
मुझे पता चला कि जीवन सबसे पहले सर्जन है।

तीन

जब मैं बैठा था तो समझता था कि जीवन उपस्थिति है,
जब मैं खड़ा था तब समझता था कि जीवन स्थिति है,
किन्तु जब मैं चलने लगा तब लगने लगा, 'जीवन गति है।'

चार

जब तक मैं पुकारता रहा तब तक समझता
रहा कि जीवन तुम्हारी आवाज़ है।
और जब मैं स्वयं को पुकारने लगा तो
कहने लगा जीवन अपनी ही आवाज़ है
किन्तु जिस दिन से मैंने संसार को पुकारना
शुरू किया है उस दिन से मुझे
लगने लगा है कि जीवन मेरी और तुम्हारी
नहीं, उन सबकी आवाज़ है जिनकी कि
कोई आवाज़ ही नहीं है।

एक जुग बाद

एक जुग बाद शबे ग़म की सहर देखी है
देखने की न थी उम्मीद मगर देखी है
जिसमें मज़हब के हर इक रोग का लिक्खा है इलाज
वो किताब हमने किसी रिन्द के घर देखी है
खुदकुशी करती है आपस की सियासत कैसे
हमने ये फ़िल्म नई खूब इधर देखी है
दोस्तो ! नाव को अब खूब सँभाले रखियो,
हमने नज़दीक ही इक ख़ास भँवर देखी है
उसको क्या ख़ाक शराबों में मज़ा आएगा
जिसने इक बार भी वो शोख नज़र देखी है
जो उठाती थी न सर अपने बड़ों के आगे
हमने तहज़ीब वो न इधर देखी है
तुम समझ जाओगे क्या चीज़ है भारतमाता
तुमने बेटी किसी निर्धन की अगर देखी है

रंग ऋतु के

रंग ऋतु के बदल गए होंगे
वो जिधर से निकल गए होंगे
रात बाज़ार में अँधेरा था
खोटे सिक्के भी चल गए होंगे
तुमसे होकर जुदा सभी आँसू
गीत-ग़ज़लों में ढल गए होंगे
वो नज़र जिस तरफ उठी होगी
गिरने वाले सँभल गए होंगे
अपनी तकदीर जानने के लिए
खँडहरों में महल गए होंगे
उनके आने का वक़्त जाने तक
इक सदी बनके पल गए होंगे
ज़िक्र नीरज का जब हुआ होगा
कितने ही लोग जल गए होंगे

अब के सावन में

अब के सावन में शरारत ये मेरे साथ हुई
मेरा घर छोड़ के कुल शहर में बरसात हुई
आप मत पूछिए क्या हमपे सफ़र में गुज़री ?
था लुटेरों का जहाँ गाँव वहीं रात हुई।
ज़िन्दगी भर तो हुई गुफ़्तगू ग़ैरों से मगर
आज तक हमसे हमारी न मुलाक़ात हुई
हर ग़लत मोड़ पे टोका है किसी ने मुझको
एक आवाज़ तेरी जब से मेरे साथ हुई
मैंने सोचा कि मेरे देश की हालत क्या है
एक क़ातिल से तभी मेरी मुलाक़ात हुई।

खुशबू सी आ रही है

खुशबू सी आ रही है इधर जाफ़रान की
खिड़की खुली है फिर कोई उनके मकान की
हारे हुए परिन्दे ज़रा उड़के देख तो
आ जाएगी ज़मीन पे छत आसमान की
बुझ जाए सरेशाम ही जैसे कोई चिराग़
कुछ यूँ है शुरुआत मेरी दास्तान की
ज्यों लूट ले कहार ही दुलहिन की पालकी
हालत यही है आजकल हिन्दोस्तान की
औरों के घर की धूप उसे क्यों पसन्द हो
बेची हो जिसने रोशनी अपने मकान की
जुल्फों के पेचोख़म में उसे मत तलाशिये
ये शायरी जुबाँ है किसी बेजुबान की
'नीरज' से बढ़के और धनी कौन है यहाँ
उसके हृदय में पीर है सारे जहान की।

हर शख़्स उनकी आँख में

हर शख़्स उनकी आँख में सोना बना रहा
मैं ही था इक जो सिर्फ खिलौना बना रहा
बढ़ता था रोज़ ज़िस्म मगर बढ़ रही थी उम्र
'होने' के साथ-साथ 'न होना' बना रहा।
रेशम की सेज के लिए जब गीत बिके थे
मिट्टी का पलंग अपना खिलौना बना रहा।
माथे का था जो कलंक था दुनिया की नज़र में
माँ की नज़र में मेरा डिठौना बना रहा
इन्सानियत के गज़ से जब नापा गया जनाब
जिसका बड़ा था क़द वही बौना बना रहा।
कितने ही दर्शनों की पड़ी उस पे उड़के धूल
क्या रूप था कि फिर भी सलोना बना रहा
नीरज तो बुढ़ापे में भी करते हैं लड़कपन
लोगों में इसी बात का रोना बना रहा।

शक झूठे हैं

शक झूठे हैं सभी सत्य कथाओं की तरह
वक़्त बेशर्म है वेश्या की अदाओं की तरह
जाने वो किसका था साया कि जिसे छूने को
हम भटकते रहे आवारा हवाओं की तरह
प्यार के वास्ते प्यासा है ये दिल सदियों से
अब तो बरसो कोई सावन की घटाओं की तरह
हर अँधेरे से सुबह बनके गुज़र जाऊँगा
तेरा .आँचल जो रहे सर पे दुआओं की तरह
आज पलकों में मुझे ख़्वाब बनाकर रख लो
कल मैं खो जाऊँगा गुमनाम गुफ़ाओं की तरह
मुझको सुलझाने में तुम खुद ही उलझ जाओगे
ज़िन्दगी है मेरी साधु की जटाओं की तरह
जी हाँ, 'नीरज' में बहुत दोष है लेकिन फिर भी,
माफ़ कर दो उसे बच्चों की ख़ताओं की तरह।

तमाम उम्र मैं

तमाम उम्र मैं इक अजनबी के घर में रहा
सफ़र न करते हुए भी किसी सफ़र में रहा
वो जिस्म ही था जो भटका फिरा ज़माने में
हृदय तो मेरा हमेशा तेरी डगर में रहा
तू ढूँढ़ता था जिसे जाके बृज में, गोकुल में
वो श्याम तो किसी मीरा के चश्म-तर में रहा
जो गीत बाँटता फिरता था सारी दुनिया में
किसे पता है वो किन आँसुओं के घर में रहा
वो और ही थे जिन्हें थी ख़बर सितारों की
मेरा ये देश तो रोटी की ही ख़बर में रहा
नहीं शराब में, आया लहू में स्वाद उसे
जो चार दिन भी सियासत के इस नगर में रहा
हज़ारों रत्न थे उस जौहरी की झोली में
उसे न कुछ भी मिला जो अगर-मगर में रहा।

अब तो मज़हब कोई

अब तो मज़हब कोई ऐसा भी चलाया जाए
जिसमें इन्सान को इन्सान बनाया जाए
जिसकी खुशबू से महक जाए पड़ोसी का भी घर
फूल इस क़िस्म का हर सिम्त खिलाया जाए
आग बहती है यहाँ गंगा में, झेलम में भी
कोई बतलाए कहाँ जाके नहाया जाए
प्यार का ख़ून हुआ क्यों ये समझने के लिए
हर अँधेरे को उजाले में बुलाया जाए
मेरे दुख-दर्द का तुम पर हो असर कुछ ऐसा
मैं रहूँ भूखा तो तुमसे भी न खाया जाए
जिस्म दो होके भी दिल एक हों अपने ऐसे
मेरा आँसू तेरी पलकों से उठाया जाए
गीत उन्मन हैं, ग़ज़ल चुप है, रुबाई है दुखी
ऐसे माहौल में 'नीरज' को बुलाया जाए।

जब भी इस शहर में

जब भी इस शहर में कमरे से मैं बाहर निकला
मेरे स्वागत को हरेक जेब से ख़ंजर निकला
तितलियों-फूलों का लगता था जहाँ पर मेला
प्यार का गाँव वो बारूद का दफ़्तर निकला
डूबकर जिसमें उबर पाया न मैं जीवन भर
एक आँसू का वो क़तरा तो समन्दर निकला
मेरे होंठों पे दुआ उसकी ज़ुबाँ पर गाली
जिसके अंदर जो छुपा था वही बाहर निकला
ज़िन्दगी भर मैं जिसे देखके इतराता रहा
मेरा सब रूप वो मिट्टी की धरोहर निकला
वो तेरे द्वार पे हर रोज़ ही आया लेकिन
नींद टूटी तेरी जब हाथ से अवसर निकला
रूखी रोटी भी सदा बाँट के जिसनें खाई
वो भिखारी तो शहंशाहों से बढ़कर निकला
क्या अजब चीज़ है इन्सान का दिल भी नीरज
मोम निकला ये कभी तो कभी पत्थर निकला।

बदन पे जिसके

बदन पे जिसके शराफ़त का पैरहन देखा
वो आदमी भी यहाँ हमने बदचलन देखा
ख़रीदने को जिसे कम थी दौलते दुनिया
किसी कबीर की मुट्ठी में वो रतन देखा
मुझे मिला है वहाँ अपना ही बदन ज़ख़्मी
कहीं जो तीर से घायल कोई हिरन देखा
बड़ा न छोटा कोई फ़र्क़ बस नज़र का है
सभी पे चलते समय एक-सा क़फ़न देखा
जुबाँ है और, बयाँ और उसका मतलब और
अजीब आज की दुनिया का व्याकरण देखा
लुटेरे, डाकू भी अपने पे नाज़ करने लगे
उन्होंने आज जो संतों का आचरण देखा
जो सादगी है कहन में हमारे 'नीरज' की
किसी पे और भी क्या ऐसा बाँकपन देखा

निर्धन लोगों की बस्ती में

निर्धन लोगों की बस्ती में घर-घर कल ये चर्चा था
वो सबसे धनवान था जिसकी जेब में खोटा सिक्का था
अपने शहर में उस दिन मैंने भूख का ये आलम देखा
दूध के बदले इक माँ के आँचल से ख़ून टपकता था
खेत जले, खलिहान जले, सब पेड़ जले, सब पात जले
मेरे गाँव में रात न जाने कैसा पानी बरसा था
अपने देश की हालत मुझको बिल्कुल वैसी दिखती है,
जैसे बाज़ के पंजे में इक गौरैया का बच्चा था
गीतों की किस्मत में इक दिन ऐसा भी दिन आना था
उतना ही वो महँगा था जो जितना ज़्यादा सस्ता था
सारी महफ़िल सुनकर जिसको झूम-झूमकर मस्त हुई
वो तो गीत नहीं था मेरा, आँसू का इक क़तरा था
'नीरज' उसकी याद हृदय में अब भी तड़पा करती है
आधी रात मेरे घर में जो बेला कभी महकता था

कुल शहर बदहवास है

कुल शहर बदहवास है इस तेज़ धूप में
हर शख़्स ज़िन्दा लाश है इस तेज़ धूप में
हारे थके मुसाफ़िरो आवाज़ दो उन्हें
जल की जिन्हें तलाश है इस तेज़ धूप में
दुनिया के अमनो-चैन के दुश्मन हैं वही तो
अब छाँव जिनके पास है इस तेज़ धूप में
नंगी हरेक शाख़ हरेक फूल है यतीम
फिर भी सुखी पलाश है इस तेज़ धूप में
वो सिर्फ़ तेरा ध्यान बँटाने के लिए है
जितना भी जो प्रकाश है इस तेज़ धूप में
पानी सब अपना पी गई खुद हर कोई नदी
कैसी अजीब प्यास है इस तेज़ धूप में
बीतेगी हाँ बीतेगी ये दुख की घड़ी ज़रूर
नीरज तू क्या उदास है इस तेज़ धूप में

कहानी बनके जिये

कहानी बनके जिये हम तो इस ज़माने में
लगेंगी आपको सदियाँ हमें भुलाने में
न जिनको पीना भी आए न पिलाना आए
शरीफ़ ऐसे भी आ बैठे हैं मैख़ाने में
ग़रीब क्यों न रहे देश की सारी बस्ती
हैं क़ैद खुशियाँ सभी एक ही घराने में
न आग फेंको मेरे मुस्कराते फूलों पर
मिलेगी ऐसी न खुशबू किसी ख़ज़ाने में
जो रोते दिल को हँसाने में इबादत होती
बड़ी है उससे इबादत कहाँ ज़माने में
गिरी हैं बिजलियाँ कुछ ऐसी चमन पर अपने
कि अब तो बच्चे भी डरते हैं मुस्कराने में
है उसके वास्ते पागल़ कली कली अब तक
कोई तो बात है नीरज के गुनगुनाने में।

गीत जब मर जाएँगे

गीत जब मर जाएँगे फिर क्या यहाँ रह जाएगा
इक सिसकता आँसुओं का कारवाँ रह जाएगा
प्यार की धरती अगर बन्दूक से बाँटी गई
एक मुरदा शहर अपने दरमियाँ रह जाएगा
आग लेकर हाथ में पगले ! जलाता है किसे
जब न ये बस्ती रहेगी तू कहाँ रह जाएगा
गर चिराग़ों की हिफ़ाज़त फिर उन्हें सौंपी गई
रोशनी मर जाएगी, ख़ाली धुआँ रह जाएगा
आएगा अपना बुलावा जिस घड़ी उस पार से
मैं कहाँ रह जाऊँगा और तू कहाँ रह जाएगा
सिर्फ़ धरती ही नहीं, हर शै यहाँ गर्दिश में है
जो जहाँ अब है, नहीं वो कल यहाँ रह जाएगा
ज़िन्दगी और मौत की केवल कहानी है यही
फुर्र उड़ जाएगी चिड़िया आशियाँ रह जाएगा।

गीत

मैं क्यों प्यार किया करता हूँ !

मैं क्यों प्यार किया करता हूँ !
सर्वस देकर मौन रुदन का क्यों व्यापार किया करता हूँ ?

भूल सकूँ जग की दुर्घातें उसकी स्मृति में खोकर ही,
जीवन का कल्मष धो डालूँ अपने नयनों से रोकर ही,
इसीलिए तो उर-अरमानों को मैं छार किया करता हूँ।
मैं क्यों प्यार किया करता हूँ !

कहता जग पागल मुझसे पर पागलपन मेरा मधु प्याला,
अश्रु-धार है मेरी मदिरा उर-ज्वाला मेरी मधुशाला,
इससे जग की मधुशाला का मैं परिहार किया करता हूँ।
मैं क्यों प्यार किया करता हूँ !

करले जग मुझसे मन की पर मैं अपनेपन में दीवाना,
चिन्ता करता नहीं दुखों की मैं जलने वाला परवाना,
अरे ! इसी से सारपूर्ण-जीवन निस्सार किया करता हूँ।
मैं क्यों प्यार किया करता हूँ !

उसके बन्धन में बँध कर ही दो क्षण जीवन का सुख पालूँ,
और न उच्छृंखल हो पाऊँ मानस-सागर को मथ डालूँ,
इसीलिए तो प्रणय-बन्धनों का सत्कार किया करता हूँ !
मैं क्यों प्यार किया करता हूँ !

जीवन-समर, जीवन-समर !

जीवन-समर, जीवन-समर !

कुछ सोच उसके हाल पर,
जो छुद्र कलिका डाल पर,
है जीर्ण तन मन प्राण स्वर,
औ' चल रही आँधी प्रखर,
मुस्कान फिर भी अधर पर,
लेकिन समर लख सामने है तू पड़ा निश्चेष्ट नर !
जीवन-समर, जीवन-समर !

बन्दी युगों तक जो बना,
हत-भाग्य पंखों से छिना,
अब वही पिंजरा तोड़ कर,
नव-कल्पना के पंख धर,
आँधी-प्रलय का छोड़ डर,
है देख, बाहर आ रहा खग वीरवर, खग धीरवर !
जीवन-समर, जीवन-समर !

मन किन्तु तू मारे पड़ा,
कहते तुझे जग में बड़ा,
लेकिन बना तू छुद्रतम,
इन जड़ खगों से नीचतम,
आती नहीं तुझको शरम,
उठ-उठ अरे, कायर न बन, लड़ले समर, बन जा अमर !
जीवन-समर, जीवन-समर !

दिया जलता रहा

''जी उठे शायद शलभ इस आस में
रात भर रो-रो दिया जलता रहा।''
थक गया जब प्रार्थना का पुण्य, बल,
सो गई जब साधना होकर विफल,
जब धरा ने भी नहीं धीरज दिया,
व्यंग्य जब आकाश ने हँसकर किया,
आग तब पानी बनाने के लिए—
रात भर रो-रो दिया जलता रहा।
''जी उठे शायद शलभ इस आस में
रात भर रो-रो दिया जलता रहा।''
बिजलियों का चीर पहने थी दिशा
आँधियों के पर लगाए थी निशा,
पर्वतों की बाँह पकड़े था पवन,
सिन्धु को सिर पर उठाए था गगन,
सब रुके, पर प्रीति की अर्थी लिए
आँसुओं का कारवाँ चलता रहा।
''जी उठे शायद शलभ इस आस में
रात भर रो-रो दिया जलता रहा।''
काँपता नभ, थरथराती लौ रही,
आग अपनी भी न जाती थी सही,
लग रहा था कल्प-सा हर एक पल
बन गई थीं सिसकियाँ साँसें विकल,
पर न जाने क्यों उमर की डोर में
प्राण बँध तिल-तिल सदा गलता रहा ?
''जी उठे शायद शलभ इस आस में
रात भर रो-रो दिया जलता रहा।''

सो मरण की नींद निशि फिर फिर जगी,
शूल के शव पर कली फिर फिर उगी,
फूल मधुपों से बिछुड़कर भी खिला,
पंथ पंथी से भटक कर भी चला,
पर बिछुड़ कर एक क्षण को जन्म से
आयु का यौवन सदा ढलता रहा।
“जी उठे शायद शलभ इस आस में
रात भर रो-रो दिया जलता रहा।”
धूल का आधार हर उपवन लिए,
मृत्यु से शृंगार हर जीवन किए,
जो अमर है वह न धरती पर रहा,
मर्त्य का ही भार मिट्टी ने सहा,
प्रेम का अमरत्व देने को मगर,
आदमी खुद को सदा छलता रहा।
“जी उठे शायद शलभ इस आस में
रात भर रो-रो दिया जलता रहा।”

नहीं मिला

सुख के साथी मिले हज़ारों ही लेकिन,
दुख में साथ निभाने वाला नहीं मिला।

जब तक रही बहार उमर की बगिया में,
जो भी आया द्वार चाँद लेकर आया,
पर जिस दिन झर गईं गुलाबों की पंखुरी
मेरा आँसू मुझ तक आते शरमाया,
जिसने चाहा मेरे फूलों को चाहा,
नहीं किसी ने लेकिन शूलों को चाहा,
मेला साथ दिखाने वाले मिले बहुत
सूनापन बहलाने वाला नहीं मिला।
सुख के साथी...
कोई रंग-बिरंगे कपड़ों पर रीझा,
मोहा कोई मुखड़े की गोराई से,
लुभा किसी को गई कंठ की कोयलिया,
उलझा कोई केशों की घुँघराई से,
जिसने देखी बस मेरी डोली देखी,
नहीं किसी ने पर दुलहन भोली देखी,
तन के तीर तैरने वाले मिले सभी
मन के घाट नहाने वाला नहीं मिला।
सुख के साथी...
मैं जिस दिन सो कर जागा मैंने देखा,
मेरे चारों ओर ठगों का जमघट है,
एक इधर से एक उधर से लूट रहा
छिन-छिन रीत रहा मेरा जीवन-घट है,

सबकी आँख लगी थी गठरी पर मेरी,
और मची थी आपस में मेरा-तेरी,
जितने मिले सभी बस मन के चोर मिले,
लेकिन हृदय चुराने वाला नहीं मिला।
सुख के साथी...

रूठी सुबह डिठौना मेरा छुड़ा गई,
गई ले गई तरुणाई सब दोपहरी,
हँसी-खुशी सूरज-चन्दा के लौट पड़ी,
मेरे हाथ रही केवल रजनी गहरी,
आकर जो लौटा कुछ लेकर ही लौटा,
छोटा और हो गया यह जीवन छोटा,
चीर घटाने वाले ही सब मिले यहाँ,
घटता चीर बढ़ाने वाला नहीं मिला।
सुख के साथी...

उस दिन जुगनू एक अँधेरी बस्ती में,
घूम रहा था इधर-उधर भरमाया-सा,
आस-पास का अन्तहीन बस अँधियारा,
केवल था शिर पर निज लौ का साया-सा,
मैंने पूछा तेरी नींद कहाँ खोई
वह चुप रहा, मगर उसकी ज्वाला रोई—
''नींद चुराने वाले ही तो मिले यहाँ
कोई गोद सुलाने वाला नहीं मिला।''
सुख के साथी...

मुहूरत निकल जाएगा

देखती ही न दर्पण रहो प्राण ! तुम
प्यार का यह मुहूरत निकल जाएगा।

साँस की तो बहुत तेज़ रफ़्तार है,
और छोटी बहुत है मिलन की घड़ी,
आँजते-आँजते ही नयन बावरे,
बुझ न जाए कहीं उम्र की फुलझड़ी,
सब मुसाफ़िर यहाँ, सब सफ़र पर यहाँ,
ठहरने की इजाज़त किसी को नहीं,
केश ही तुम न बैठी गुँथाती रहो,
देखते-देखते चाँद ढल जाएगा।

झूमती गुनगुनाती हुई यह हवा,
कौन जाने कि तूफान के साथ हो,
क्या पता इस निंदासे गगन के तले
यह हमारे लिए आख़िरी रात हो,
ज़िन्दगी क्या—समय के बियावान में
एक भटकी हुई फूल की गंध है,
चूड़ियाँ ही न तुम खनखनाती रहो,
कल दिए को सवेरा निगल जाएगा।

यह महकती निशा, यह बहकती दिशा,
कुछ नहीं है, शरारत किसी शाम की,
चाँदनी की चमक, दीप की यह दमक,
है हँसी बस किसी एक बेनाम की,
है लगी होड़ दिन-रात में प्रिय यहाँ,
धूप के साथ लिपटी हुई छाँह है,
वस्त्र ही तुम बदलकर न जाती रहो
यह शरमसार मौसम बदल जाएगा।

होंठ पर जो सिसकते पड़े गीत थे,
एक आवाज़ के सिर्फ़ मेहमान हैं,
ऊँघती पुतलियों में जड़े जो सपन
वे किन्हीं आँसुओं से मिले दान हैं,
कुछ न मेरा, न कुछ है तुम्हारा यहाँ
कर्ज़ के ब्याज पर सिर्फ हम जी रहे,
माँग ही तुम न बैठी सजाती रहो,
आ गया जो महाजन न टल पाएगा।

कौन शृंगार पूरा यहाँ कर सका ?
सेज जो भी सजी सो अधूरी सजी,
हार जो भी गुँथा सो अधूरा गुँथा,
बीन जो भी बजी सो अधूरी बजी,
हम अधूरे, अधूरा हमारा सृजन,
पूर्ण तो एक बस प्रेम ही है यहाँ
काँच से ही न नज़रें मिलाती रहो,
बिम्ब को मूक प्रतिबिम्ब छल जाएगा।

देखती ही न दर्पण रहो प्राण ! तुम
प्यार का यह मुहूरत निकल जाएगा।

मरण त्यौहार

पथिक ! ठहरने का न ठौर जग, खुले पड़े सब द्वार,
और टोलियों का घर-घर पर लगा हुआ बाज़ार,
जन्म है यहाँ मरण त्यौहार।
देख ! धरा की नग्न लाश पर नीलाकाश खड़ा है,
सागर की शीतल छाती में ज्वालामुखी जड़ा है,
सूर्य उठाए हुए चाँद की अर्थी निज कंधों पर,
और कली के सम्मुख उपवन का कंकाल पड़ा है,
खा-खाकर निज आयु जी रही जीवन की वैदेही,
रे ! विष पीकर नहीं; अमृत पीकर मरता संसार।
जन्म है यहाँ मरण त्यौहार।
आँजे हुए नींद का काजल सब अँखियाँ कजरारी,
आलिंगन कर रही मृत्यु का बाँहें प्यारी-प्यारी,
कोई कहीं रहे पर सबकी मंज़िल एक यहाँ पर,
रे ! मरघट की ओर मुड़ी हैं राहें जग की सारी,
एक दिवस आती है सबके जीवन में मजबूरी,
और एक दिन मिट्टी सबका करती है श्रृंगार।
जन्म है यहाँ मरण त्यौहार।
काल-तिमिर के नागपाश में बन्दी किरन परी है,
और फूल के नन्हे-से दिल पर चट्टान धरी है,
घिरी आग की लाल घटाएँ तरु-तरु पर उपवन के,
पात-पात पर अंगारों की धूप-छाँह छितरी है,
नीड़-नीड़ पर वज्र बिजलियों की आँधी मँडराती,
तृण-तृण में करवटें ले रहा मरुथल का पतझार
जन्म है यहाँ मरण त्यौहार ।
लिए गोद में नाश, मर रही जीकर यहाँ अमरता,
घृणित चिता की आग छिपाए जग भर की सुन्दरता,

दबा लकड़ियों के नीचे पुरुषार्थ पार्थ का सारा,
अरे, कृष्ण पर क्षुद्र वधिक का तीर व्यंग्य-सा करता,
हाय ! राम का शव सरयू में नंगा तैर रहा है,
सीता का सिन्दूर अवध में करता हाहाकार।
जन्म है यहाँ मरण त्यौहार।

लगा हुआ हर एक यहाँ जाने की तैयारी में,
भरी हुई हर गैल, चल रहे पर सब लाचारी में,
एक-एक कर होती जातीं ख़ाली सभी सरायें,
एक-एक कर बिछुड़ रहे सब मीत उमर बारी में
और कह रही रो-रो कर हर सूनी सेज अटारी,
सदियों का सामान लिया क्यों, रहना था दिन चार ?
जन्म है यहाँ मरण त्यौहार।

यह सम्भव नहीं है

पंथ की कठिनाइयों से मान लूँ मैं हार—यह सम्भव नहीं है।

मैं चला जब रोकने दीवार-सी दुनिया खड़ी थी,
मैं हँसा तब भी बनी जब आँख सावन की झड़ी थी,
उस समय भी मुस्कराकर गीत मैं गाता रहा था,
जबकि मेरे सामने खुद लाश ही मेरी पड़ी थी,
आज है यदि देह लथपथ, रक्तमय पग, कंटकित मग,
फेंक दूँ निज शीश का मैं भार—यह सम्भव नहीं है।

चल रहा हूँ मैं इसी से चल रहीं निर्जीव राहें,
जल रहा हूँ मैं इसी से हो गईं उजली दिशाएँ,
रात मेरी आँख का काजल चुराकर ले गई है,
छीनकर उच्छ्‌वास मेरे बन गई आँधी हवाएँ,
आज मेरी चेतना ही से कि सब चेतन प्रकृति है,
मैं बनूँ जड़ धूल का आधार—यह सम्भव नहीं है।

पूछती है एक मुझसे प्रश्न फिर फिर सृष्टि सारी,
'क्या तुम्हारी भाँति ही व्याकुल पथिक ! मंज़िल तुम्हारी ?'
कौन उत्तर दूँ भला मैं सिर्फ़ इतना जानता हूँ,
राह पर चलती हमारे साथ ही मंज़िल हमारी,
आज तम में वह अगर ओझल हुई है लोचनों से,
मैं करूँ उसकी न सुधि साकार—यह सम्भव नहीं है।

मैं मुसाफिर हूँ कि जिसने है कभी रुकना न जाना,
है कभी सीखा न जिसने मुश्किलों में सिर झुकाना,
क्या मुझे मंज़िल मिलेगी या नहीं—इसकी न चिन्ता,
क्योंकि मंज़िल है डगर पर सिर्फ़ चलने का बहाना,
और तो सब धूल, पथ पर चाह चलने की अमर बस,
मैं अमर पद का न लूँ अधिकार—यह सम्भव नहीं है।

कर्मरत जग, हर दिशा से कर्म की आवाज़ आती,
काल की गति एक पल को भी नहीं विश्राम पाती,
मैं रुकूँ भी तो मगर यह रास्ता रुकने न देगा,
राह पर चलते न हम ही, राह भी हमको चलाती,
आज चलने के लिए जब धूल तक ललकारती है—
पंथ की कठिनाइयों से मान लूँ मैं हार यह सम्भव नहीं है।

क़िस्मत

देख जिसे मधुबालाएँ भी
भूल गईं मदभरी अदाएँ,
जिसको देख शर्म से सकुचीं
मधुवन की खुलती कलिकाएँ,
मोल जिसे लेना चाहा था
जग ने कंचन के ढेरों से,
तोल जिसे चाहा परियों ने
बाँहों के प्रणयी फेरों से,
लेकिन क़िस्मत–

सूखी वह मुस्कान अधर की अपनी भूलों पर मुस्काकर

जिसकी अद्भुत चाल देखकर
तूफानों ने किया समर्पण,
जिसकी दृढ़ पतवार देख कर
भूल गया सागर गुरु गर्जन
जिसके माँझी की स्वर-लहरी
गूँजी सरि, सागर, अम्बर पर,
जिसकी मस्ती देख लहरियाँ–
दौड़ीं तट की ओर सहमकर
लेकिन क़िस्मत–

डूब गई वह जीवन नैया तट से ही टकरा-टकरा कर

जिनसे खेल खेल करती थीं
कभी न करने वाली रातें
जिनके बल पर ही सुन ली थीं
कभी न सुनने वाली बातें,
जो अपने एकाकीपन में
मन बहलाने के साधन थे,
जो पतझर के हास और चिर–
एकमात्र निर्धन के धन थे
लेकिन क़िस्मत–

खोए वे नयनों के मोती सूने पृष्ठों पर गिर-गिर कर।

कफ़न है आसमान

मत करो प्रिय ! रूप का अभिमान,
क़ब्र है धरती कफ़न है आसमान।

हर पखेरू का यहाँ है नीड़ मरघट पर,
है बँधी हर एक नैया मृत्यु के तट पर,
खुद-ब-खुद चलती हुई यह देह अर्थी है,
प्राण है प्यासा पथिक संसार-पनघट पर,
किसलिए फिर प्यास का अपमान ?
जी रहा है प्यास पी पीकर जहान।

भूमि से, नभ से, नरक से, स्वर्ग से भी दूर,
हो कहीं इन्सान पर है मौत से मजबूर,
घूरा सब कुछ इस मरण की राजधानी में,
सिर्फ अक्षय है किसी की प्रीति का सिन्दूर,
किसलिए फिर प्यार का अपमान ?
प्यार है तो ज़िन्दगी हरदम जवान।

रंक-राजा, मूर्ख-पंडित, रूपवान-कुरूप,
साँझ बनती है सभी की ज़िन्दगी की धूप,
आख़िरी सबकी यहाँ पर है चिता की सेज,
धूल ही शृंगार अन्तिम, अन्तारूप-अनूप,
किसलिए फिर धूल का अपमान ?
धूल हम-तुम, धूल है सबकी समान।

एक भी न देखा न ऐसा फूल इस जग में,
जो नहीं पथ पर चुभा हो शूल बन पग में,
सब यहीं छूटा पिया घर जब चली टोली,
एक आँसू ही रहा बस साथ दृग-मग में
किसलिए फिर अश्रु का अपमान ?
अश्रु जीवन में अमृत से भी महान।

प्राण ! जीवन क्या क्षणिक बस साँस का व्यापार,
देह की दूकान जिस पर काल का अधिकार,
रात को होगा सभी जब लेन-देन समाप्त,
तब स्वयं उठ जाएगा यह रूप क़ा बाज़ार,
किसलिए फिर रूप का अभिमान ?
फूल के शव पर खड़ा है बाग़वान।
मत करो प्रिय ! रूप का अभिमान।
क़ब्र है धरती क़फ़न है आसमान।

धर्म है

जिन मुश्किलों में मुस्कराना हो मना,
उन मुश्किलों में मुस्कराना धर्म है।
जिस वक़्त जीना ग़ैर मुमकिन-सा लगे,
उस वक़्त जीना फ़र्ज़ है इन्सान का,
लाज़िम लहर के साथ है तब खेलना,
जब हो समुन्दर पर नशा तूफ़ान का,
जिस वायु का दीपक बुझाना ध्येय हो,
उस वायु में दीपक जलाना धर्म है।
हो नहीं मंज़िल कहीं जिस राह की,
उस राह चलना चाहिए संसार को,
जिस दर्द से सारी उमर रोते कटे,
वह दर्द पाना है ज़रूरी प्यार को,
जिस चाह का हस्ती मिटाना नाम है,
उस चाह पर हस्ती मिटाना धर्म है।
आदत पड़ी हो भूल जाने की जिसे,
हरदम उसी का नाम हो हर साँस पर,
उसकी ख़बर में ही सफ़र सारा कटे,
जो हर नज़र से हर तरह हो बेखबर,
जिस आँख का आँखें चुराना काम हो,
उस आँख से आँखें मिलाना धर्म है।
जब हाथ से टूटे न अपनी हथकड़ी,
तब माँग लो ताक़त स्वयं जंज़ीर से,
जिस दम न थमती हो नयन-सावन-झड़ी
उस दम हँसी ले लो किसी तस्वीर से,
जब गीत गाना-गुनगुनाना जुर्म हो,
तब गीत गाना-गुनगुनाना धर्म है।

अधिकार जब अधिकार पर शासन करे,
तब छीनना अधिकार ही कर्तव्य है,
संहार ही हो जब सृजन के नाम पर,
तब सृजन-संहार ही भवितव्य है,
बस गरज, गिरते हुए इन्सान को
हर तरह, हर विधि उठाना धर्म है।

मेरा इतिहास नहीं है

काल बादलों से धुल जाए यह मेरा इतिहास नहीं है !

गायक जग में कौन गीत जो मुझ-सा गाए,
मैंने तो केवल हैं ऐसे गीत बनाए,
कंठ नहीं जिनको गाती हैं पलकें गीली,
स्वर-सम जिनका अश्रु मोतिया हास नहीं है !

मुझसे ज़्यादा मस्त जगत में मस्ती जिसकी,
और अधिक आज़ाद अछूती हस्ती जिसकी,
मेरी बुलबुल चहका करती उस बगिया में,
जहाँ सदा पतझर आता मधुमास नहीं है !

किस में इतनी शक्ति साथ जो कदम धर सके,
गति न पवन की भी जो मुझसे होड़ कर सके,
मैं ऐसे पथ का पंथी हूँ जिसको क्षण भर,
मंज़िल पर भी रुकने का अवकाश नहीं है !

कौन विश्व में है जिसका मुझसे सर ऊँचा ?
अभ्रंकष यह तुंग हिमालय भी तो नीचा,
क्योंकि खुले हैं मेरे लोचन उस दुनिया में,
जहाँ धरा तो है लेकिन आकाश नहीं है।

तुम्हें मेरी क़सम है

आज तो मुझसे न शरमाओ तुम्हें मेरी क़सम है।

आज बरसों बाद घायल पीर क्षण भर सो सकी है,
आज बरसों बाद गूँगी चाह मुखरित हो सकी है,
आज युग के बाद मेरी रात में दो चाँद चमके,
आज युग के बाद मेरी प्यास होंठ भिगो सकी है,
आज चुम्बन की लगी बरसात अधरों की गली में,
बीच में दीवार-सी फिर क्यों खड़ी सहमी शरम है ?
आज तो मुझसे न शरमाओ तुम्हें मेरी क़सम है।
चाँदनी तरु के तले अभिसार तम से कर रही है,
ओस गालों पर कली के चुम्बनों-सी झर रही है,
रात उभरे उरोजों में है छिपाए चाँद मुखड़ा,
वह लता तरु की जवानों बाहुओं में भर रही है,
आँधियाँ अँगड़ा रही हैं आज कण-कण में धरा के,
आज ठंडी सृष्टि की चोली गरम, बोली नरम है।
आज तो मुझसे न शरमाओ तुम्हें मेरी क़सम है।
बाहुओं की घाटियों में यह नदी जैसी जवानी,
आज बँधने को हुई लाचार लेकर आग पानी,
आज अधरों पर अधर से एक लिख दो गीत कोई,
और पढ़ लो आँख से सब अनकही मेरी कहानी,
मत हटाओ होंठ इस डर से कि जूठे हो न जाएँ,
प्यार ने प्रेयसि ! कभी माना नहीं कोई नियम है।
आज तो मुझसे न शरमाओ तुम्हें मेरी क़सम है।

छुट चुकीं रातें हज़ारों आज तब यह रात आई,
हो गए सौ सिन्धु मरु तब आँख अब यह मुस्कराई,
ढह गए लाखों महल तब सच हुआ यह एक सपना,
कोटि विष-घट चुक गए तब एक यह मधु-बूँद आई,
इसलिए कल पर न टालो आज की अभिसार वेला,
प्रिय ! मिलन के वास्ते यह रात क्या, हर रात कम है।
आज तो मुझसे न शरमाओ तुम्हें मेरी क़सम है।

मत कहो संसार कल हम पर करेगा क्या इशारे,
मत सुनो क्या कर रहे हैं धर्म के विध्वंस सारे,
बस छिपा लो आज मेरी आग अपने वक्ष में तुम,
डूब जाने दो सदा को आज के सब चाँद-तारे,
यदि मिला अवकाश तो कल धर्मग्रन्थों को पढ़ूँगा,
आज तो केवल समर्पण ही सुमुखि ! अपना धरम है।
आज तो मुझसे न शरमाओ तुम्हें मेरी क़सम है।

जब सूना सूना

जब सूना सूना लगे तुम्हें जीवन अपना,
तुम मुझे बुलाना मैं गुंजन बन जाऊँगा।

जिस दिन तक बगिया में भौरों की रहे भीड़
उस दिन तक तुम मत आने देना मुझे पास,
जिस दिन तक बुलबुल गाती रहे बहारों को
उस दिन तक मत पूछना कि मैं क्यों हूँ उदास
लेकिन जिस दिन पथ पर सपनों की उड़े धूल
तब मुझे बुलाना—मैं चन्दन बन जाऊँगा।

जब गूँथ रहा हो चाँद रात के खुले बाल,
तब याद न करना इस कुटिया अँधियारी को,
मधु ऋतु मधुवन में जब सिन्दूर चुराती हो
बिसरा देना तब इस विधवा फुलवारी को
लेकिन आकर पतझार तुम्हें जब झकझोरे
तब मुझे बुलाना—मैं सावन बन जाऊँगा।

जब तक नरगिस की पाँति नयन में शरमाए,
तब तक न समझना तुम इन आँखों की भाषा,
मुस्काये अधरों पर जब तक फूले गुलाब,
तब तक न जानना तुम मैं हूँ कितना प्यासा,
पर जब कोई अंगार कपोलों को चूमे
तब मुझे बुलाना—मैं चुम्बन बन जाऊँगा।

हो मठ में जब तक गूँज शंख-घड़ियालों की
मेरी पूजा तब तक तुम ठुकराते रहना,
गीतों के गजरे से जब तक तुम सजे रहो
मेरे आँसू तब तक तुम तड़पाते रहना
ढह जाए मठ पर जब शृंगार बिखर जाए
तब मुझे बुलाना—मैं दर्शन बन जाऊँगा।

जब प्यार लुटाने निकलो तुम संसार बीच
मेरे अनाथ मन को तब याद नहीं आना,
वरदान बाँटने आओ जब तुम दुनिया में
मेरे भिक्षुक-सपनों पर ख़ाक उड़ा जाना
पर जब ठुकराओ प्यार किसी का तुम जग में
तब मुझे बुलाना—मैं पाहन बन जाऊँगा।

मेरा मन तो है क़ैद कफ़न के घूँघट में,
तन मरघट के हाथों का एक खिलौना है,
ये मेरी साँसें ही मेरी जंज़ीरें हैं
कुछ ज्ञात नहीं किस जगह मुझे कब सोना है,
इस पर भी यदि शृंगार तुम्हें मेरा भाये
तुम मुझे बुलाना—मैं दर्पण बन जाऊँगा।

कोई नहीं पराया

कोई नहीं पराया, मेरा घर सारा संसार है।
मैं न बँधा हूँ देश-काल की ज़ंग लगी जंज़ीर में,
मैं न खड़ा हूँ जाति-पाँति की ऊँची-नीची भीड़ में
मेरा धर्म न कुछ स्याही-शब्दों का एक ग़ुलाम है,
मैं बस कहता हूँ कि प्यार है तो घट-घट में राम है,
मुझसे तुम न कहो मन्दिर-मस्जिद पर मैं सर टेक दूँ,
मेरा तो आराध्य आदमी देवालय हर द्वार है।
कहीं रहे कैसे भी मुझको प्यारा यह इन्सान है,
मुझको अपनी मानवता पर बहुत-बहुत अभिमान है,
अरे नहीं देवत्व मुझे तो भाता है मनुजत्व ही,
और छोड़कर प्यार नहीं स्वीकार मुझे अमरत्व भी
मुझे सुनाओ तुम न स्वर्ग-सुख की सुकुमार कहानियाँ
मेरी धरती सौ-सौ स्वर्गों से ज़्यादा सुकुमार है।
मुझे मिली है प्यास विषमता का विष पीने के लिए,
मैं जन्मा हूँ नहीं स्वयं-हित, जग-हित जीने के लिए,
मुझे दी गई आग कि तम को भी मैं आग लगा सकूँ,
गीत मिले इसलिए कि घायल जग की पीड़ा गा सकूँ,
मेरे दर्दीले गीतों को मत पहनाओ हथकड़ी,
मेरा दर्द नहीं है मेरा, सबका हाहाकार है।
मैं सिखलाता हूँ कि जियो और जीने दो संसार को,
जितना ज़्यादा बाँट सको तुम बाँटो अपने प्यार को,
हँसो इस तरह, हँसे तुम्हारे साथ दलित यह धूल भी,
चलो इस तरह, कुचल न जाए पग से कोई शूल भी,
सुख न तुम्हारा सुख केवल जग में भी उसका भाग है,
फूल डाल का पीछे, पहले उपवन का शृंगार है।
कोई नहीं पराया, मेरा घर सारा संसार है।

एक तेरे बिना प्राण ओ प्राण के

एक तेरे बिना प्राण ओ प्राण के !
साँस मेरी सिसकती रही उम्र भर।

बाँसुरी से बिछुड़ जो गया स्वर उसे भर लिया कंठ में शून्य आकाश ने
डाल विधवा हुई जोकि पतझार में, माँग उसकी भरी मुग्ध मधुमास ने
हो गया कूल नाराज़ जिस नाव से पा गई प्यार वह एक मँझधार का
बुझ गया जो दिया भोर में दीन-सा, बन गया रात सम्राट अँधियार का,

जो सुबह रंक था शाम राजा हुआ
जो लुटा आज, कल फिर बसा भी वही,
एक मैं ही कि जिसके चरण से धरा
रोज़ तिल तिल धसकती रही उम्र-भर।

प्यार इतना किया ज़िन्दगी में कि जड़-मौन तक मरघटों का मुखर कर दिया,
रूप-सौन्दर्य इतना लुटाया कि हर भिक्षु के हाथ पर चन्द्रमा धर दिया
भक्ति अनुरक्ति ऐसी मिली सृष्टि की, शक्ल हर एक मेरी तरह हो गई
जिस जगह आँख मूँदी निशा आ गई, जिस जगह आँख खोली सुबह हो गई,

किन्तु इस राग-अनुराग की राह पर
वह न जाने रतन कौन-सा खो गया,
खोजती-सी मुझे दूर मुझसे स्वयं
आयु मेरी खिसकती रही उम्र भर।

वेश भाए न जाने तुझे कौन-सा इसलिए रोज़ कपड़े बदलता रहा,
किस जगह कब कहाँ हाथ तू थाम ले, इसलिए रोज़ गिरता-सँभलता रहा,

कौन-सी मीड़ ले तान तेरा हृदय इसलिए गीत गाया सभी राग का,
छेड़ दी रागिनी आँसुओं की कभी शंख फूँका कभी क्रान्ति का, आग का,

किस तरह खेल क्या खेलता तू मिले
खेल खेले इसी से सभी विश्व के
कब न जाने करे याद तू इसलिए
याद कोई कसकती रही उम्र भर।

रोज़ ही रात आई गई, रोज़ ही आँख झपकी मगर नींद आई नहीं,
रोज़ हर सुबह रोज़ ही हर कली खिल गई तो मगर मुस्कराई नहीं,
नित्य ही रास ब्रज में रचा चाँद ने पर न बाजी बंसुरियाँ कभी श्याम की,
हर तरह उर अयोध्या बसाई गई याद भूली न लेकिन किसी राम की

हर जगह ज़िन्दगी में लगी कुछ कमी
हर समय आँसुओं में नहाई मिली,
हर हँसी, हर घड़ी, भूमि से स्वर्ग तक
आग कोई दहकती रही उम्र-भर।

खोजता ही फिरा पर अभी तक मुझे मिल सका कुछ न तेरा ठिकाना कहीं,
ज्ञान से बात की तो कहा बुद्धि ने—'सत्य है यह मगर आज़माना नहीं',
धर्म के पास पहुँचा पता यह चला, मन्दिरों-मस्जिदों में अभी बन्द है,
जोगियों ने बताया कि जप-जोग है, भोगियों ने सुना भोग-आनन्द है,

किन्तु पूछा गया नाम जब प्रेम से
धूल से वह लिपट-फूटकर रो पड़ा,
बस तभी से व्यथा देख संसार की
आँख मेरी छलकती रही उम्र भर।

एक तेरे बिना प्राण ओ प्राण के !
साँस मेरी सिसकती रही उम्र भर।

सावन के त्यौहार में

तूने मुझको ऐसा लूटा है इस भरे बजार में
चुनरी तक का रंग उड़ गया सावन के त्यौहार में।

मैं तो आई थी ख़रीदने हीरक-वेंदी भाल की,
कच्ची चूड़ी किन्तु पिन्हा दी तूने सोलह साल की,
दाम लिया कुछ नहीं छली पर छल मुझसे ऐसा किया
गाँठ टटोली तो देखा, है पूँजी लुटी त्रिकाल की,
उन नयनों की चितवन जाने बिन बोले क्या कह गई
डूबी मेरी नींद सदा को मेरी ही दृग-धार में।

अब तो निशिदिन नयन खड़े रहते तेरे ही द्वार पर,
उठ-उठ पाँव दौड़ जाते हैं किसी नदी के पार पर,
हो इतनी बदनाम गई इस चोरी-चोरी प्रीति में,
गली-गली हँसती है मेरे काजल पर श्रृंगार पर,
बहुत चाहती, लोग न जाने तेरे-मेरे नेह को
तेरा ही पर नाम अधर जपते हर-एक पुकार में।

आए लाखों लोग ब्याहने मेरी क्वँारी पीर को,
पर कोई तस्वीर न भाई घायल हृदय अधीर को,
बात चली जब-जब विवाह की सिसका आँसू आँख का,
रात-रात भर रही कोसती नथनी श्वास-समीर को,
कैसे किसके गले डाल दूँ माल अपने हाथ से
मैं तो अपनी नहीं, धरोहर हूँ तेरी संसार में।

सौ-सौ बार द्वार आई मधु ऋतु ये हँसी पराग की,
एक न दिन भी पर मुस्काई ऋतु मेरे अनुराग की,
लाखों बार घटा ने बदली बिजली वाली कंचुकी
दमकी मेरे माथ न अब तक टिकुली किसी सुहाग की,

कैसे काटूँ रात अकेली, कैसे झेलूँ दाह यह !
वारी प्रीति सयानी होने वाली है दिन चार में !
    पकी निबौरी हरे हो गए पीले पत्ते आम के,
    लिए बादलों ने हाथों में हाथ झुलसती घाम के,
    भरे सरोवर-कूप, लग गई नदिया सागर के गले,
    खिले बाग़ के फूल, मिले आ पथिक सुबह के, शाम के,
    कैसे तुमसे मिलूँ मगर मैं जनम-जनम के मीत ओ !
    चुन रक्खा है मुझे साँस ने मिट्टी की दीवार में।

तूने मुझको ऐसा लूटा है इस भरे बजार में
चुनरी तक का रंग उड़ गया सावन के त्यौहार में।

तस्वीर बन गया

जिसने देखा तुम्हें तुम्हारी ही फिर वह तस्वीर बन गया !

जनम-जनम से तुम्हें खोजता था मैं ओ रे अभिमानी !
आज तुम्हें जाना तो मुझको मेरी शक्ल लगी अनजानी,
पर इससे भी बढ़कर अचरज हुआ कि जब पूजा वेला में
भक्ति तुम्हारी मूर्ति बन गई, मन्दिर मर्त्य शरीर बन गया।
तुम्हें छू लिया था सूरज ने वह देखो अब तक जलता है,
झाँकी भर देखी थी शशि ने वह अब तक आँसू ढलता है,
बादल को था गर्व बहुत वह धो ही लेगा चरण तुम्हारे
हाथ बढ़ाते ही बस उसका सारा जीवन नीर बन गया।
तुम्हें चूमने चला शलभ तो करना पड़ा भस्म उसको तन
रूप देख आया सो खुद हो गया अरूप रूप का दर्पण,
की ही थी आरती अग्नि ने बुझना पड़ा धूम्र बन उसको
तुम्हें खोजते घर-घर खुद ही बेघरबार समीर बन गया।
तुमने किसे बुलाया जो मरघट से लौट पड़ा जग सारा
कौन तिराई तरी कि खुद ही मिलने को चल पड़ा किनारा
क्रीड़ा की वह कौन सृष्टि के आँगन में उस दिन जो छिन में
पद रज झर कर धरा बन गई, अम्बर उड़कर चीर बन गया।

जिसने देखा तुम्हें तुम्हारी ही वह फिर तस्वीर बन गया।

जिस दिन तेरी याद न आई

सुबह न आई, शाम न आई जिस दिन तेरी याद न आई!
जिस दिन तड़पे प्राण न उस दिन
देह लगी मिट्टी की ढेरी,
जिस दिन सिसकी साँस न उस दिन,
उम्र हो गई कुछ कम मेरी,
बरसी जिस दिन आँख, न उस दिन
गीत न बोले, अधर न डोले
हँसी दिखाई, खुशी दिखाई, जिस दिन तेरी याद न आई !
धुँधलाया सूरज का दर्पण,
कजलाई चंदा की बेंदी,
मूक हुई दुपहर की पायल,
रूठ गई सन्ध्या की मेहँदी,
दिवस-रात सब लगे पराए
लुटे-लुटाए, स्वप्न-सितारे
छटा न छाई, घटा न छाई, जिस दिन तेरी याद न आई !
फिरते रहे नयन बौराये
कभी भवन में, कभी भुवन में,
रही कसकती पीड़ा कोई,
इस क्षण तन में, उस क्षण मन में
जग जग कर काजल अलसाया,
चल-चल कर अंचल थक आया,
हार न पाई बाट न पाई, जिस दिन तेरी याद न आई!
गुमसुम बैठी रही देहरी,
ठिठका ठिठका आँगन द्वारा,
सेज लगी काँटों की साड़ी
और अटारी कज्जल-कारा,

अगर गन्ध हिम-लहर हो गई
चन्दन लेप ताप तक्षक का,
धूप न भाई, छाँह न भाई, जिस दिन तेरी याद न आई!
गली गली ने आँखें फेरीं,
गाँव-गाँव ने पत्थर मारे,
फूल-फूल ने धूल उड़ाई
शूल-शूल ने घाव उघारे
गई जहाँ भी साँस गई—
ठुकराई हर घर से, हर दर से !
दुनिया ने दुश्मनी निभाई, जिस दिन तेरी याद न आई!

इस द्वार क्यों न जाऊँ

इस द्वार क्यों न जाऊँ, उस द्वार क्यों न जाऊँ ?
घर पा गया तुम्हारा, मैं घर बदल-बदल कर।

अनजान यह नगर है, अनजान यह डगर है,
न चढ़ाव का पता है, न ढलान की ख़बर है,
सब कह रहे मुसाफिर चलना सँभल-सँभल कर
लंबा बहुत सफर है, छोटी बहुत उमर है
पर क्यों डरूँ डराऊँ, पथ खुद न क्यों बनाऊँ,
मैं चढ़ गया हिमालय, गिर-गिर फिसल-फिसल कर।

बेदाग़ सूत वाले, सौ दाग़ सूत वाले,
इस हार कुछ दुशाले, उस हार कुछ दुशाले
कुछ कह रहे इसे ले, कुछ कह रहे उसे ले,
इससे बदन छिपा ले, उससे कफ़न बना ले
मैं क्यों इसे कुढ़ाऊँ, मैं क्यों उसे घुलाऊँ,
परदा उठा चुका हूँ, चादर बदल-बदल कर।

इस छोर एक सरिता, उस छोर एक संगम,
पानी कहीं बहुत है, पानी कहीं बहुत कम,
हर बूँद का इशारा, हर लहर का निमन्त्रण
तट का सुनूँ तराना, मझधार का कि सरगम,
पर क्यों न डूब जाऊँ, पर क्यों न तैर जाऊँ
किश्ती डुबा चुका हूँ लंगर बदल-बदल कर।

इस ओर एक मेला, उस ओर एक मेला,
यह पंथ भी झमेला, वह पंथ भी झमेला,
हर आँख हेरती है, हर बाँह घेरती है,
कैसे करूँ अदेखा, कैसे रहूँ अकेला,
पर क्यों नज़र चुराऊँ, क्यों भीड़ में न जाऊँ
होली मना चुका हूँ मैं सर बदल-बदल कर।

इस गाँव एक काशी, उस गाँव एक काबा,
इसका इधर बुलावा, उसका उधर बुलावा,
इससे भी प्यार मुझको, उससे भी प्यार मुझको,
किसको गले लगाऊँ किससे करूँ दिखावा
पर जात क्यों बनाऊँ, दीवार क्यों उठाऊँ,
हर घाट जल पिया है, गागर बदल-बदल कर।

इस द्वार क्यों न जाऊँ, उस द्वार क्यों न जाऊँ,
घर पा गया तुम्हारा, मैं घर बदल-बदल कर।

स्वर्ग दूत से

ऐसी क्या बात है चलता हूँ अभी चलता हूँ
गीत एक और ज़रा झूम के गा लूँ तो चलूँ।

भटकी-भटकी है नज़र, गहरी-गहरी है निशा,
उलझी-उलझी है डगर, धुँधली-धुँधली है दिशा,
तारे ख़ामोश खड़े, हारे बेहोश पड़े,
सहमी-सहमी है किरण बहकी-बहकी है उषा,
गीत बदनाम न हो, ज़िन्दगी शाम न हो,
बुझते दीपों को ज़रा सूर्य बना लूँ तो चलूँ।

बीन बीमार औ टूटी पड़ी शहनाई है,
रूठी पायल ने न बजने की क़सम खाई है,
सबके सब चुप, न कहीं गूँज न झंकार कोई
और यह जब कि आज चाँद की सगाई है
कहीं न नींद यह गंगा की मौज बन जाए
सोई बगिया में ज़रा शोर मचा लूँ तो चलूँ।

बाद मेरे जो यहाँ और हैं गाने वाले,
स्वर की थपकी से पहाड़ों को सुलाने वाले,
उजाड़ बाग़ों, बियावान, सुनसानों में,
छन्द की गन्ध से फूलों को खिलाने वाले,
उनके पाँवों के फफोले न कहीं फूट पड़ें
उनकी राहों के ज़रा शूल हटा लूँ तो चलूँ।

वे जो सूरज का गरम भाल खड़े चूम रहे,
वे जो तूफ़ान में किश्ती को लिए घूम रहे,
भरे भादों की घुमड़ती हुई बदली की तरह,
वे जो चट्टान से टकराते हुए झूम रहे
नये इतिहास की बाँहों का सहारा लेकर
तख़्ते-ताऊस पर जब उनको बिठा लूँ तो चलूँ।

यह लजाती हुई कलियों की शराबी चितवन
गीत गाती हुई पायल की यह नटखट रुनझुन
यह कुएँ-ताल, यह पनघट, यह त्रिवेणी संगम
यह भुग्न-भूमि अयोध्या, यह विकल वृन्दावन,
क्या पता स्वर्ग में फिर इनका दरस हो कि न हो
धूल धरती की ज़रा सर पे चढ़ा लूँ तो चलूँ।

कैसे चल दूँ अभी कुछ और यहाँ मौसम है,
होने वाली है सुबह पर न सियाही कम है,
भूख, बेकारी, ग़रीबी की घनी छाया में
हर ज़ुबाँ बन्द है, हर एक नज़र पुरनम है,
तन का कुछ ताप घटे, मन का कुछ पाप कटे,
दुखी इन्सान के आँसू में नहा लूँ तो चलूँ।

ऐसी क्या बात है चलता हूँ अभी चलता हूँ
गीत एक और ज़रा झूम के गा लूँ तो चलूँ।

इस गीत की प्रेरणा के लिए कवि एक उर्दू कविता का आभारी है।

स्वप्न झरे फूल से

स्वप्न झरे फूल से
मीत चुभे शूल से
लुट गए सिंगार सभी बाग़ के बबूल से
और हम खड़े-खड़े बहार देखते रहे,
कारवाँ गुज़र गया ग़ुबार देखते रहे।

नींद भी खुली न थी कि हाय धूप ढल गई,
पाँव जब तलक उठे कि राह रथ निगल गई,
पात-पात झर गए कि शाखा-शाखा जल गई,
फाँस तो निकल सकी न, पर उमर निकल गई,
गीत अश्रु बन चले,
शब्द हो हवन चले,
साथ के सभी दिये धुआँ पहन-पहन चले
और हम झुके-झुके
मोड़ पर रुके-रुके
उम्र के चढ़ाव का उतार देखते रहे,
कारवाँ गुज़र गया ग़ुबार देखते रहे।

क्या शबाब था कि फूल-फूल प्यार कर उठा,
क्या सुरूप था कि देख आईना सिहर उठा,
इस तरफ़ ज़मीन और आसमाँ उधर उठा,
थामकर जिगर उठा कि जो मिला नज़र उठा,
एक दिन मगर छली
वह हवा यहाँ चली
लुट गई कली-कली कि घुट गई गली-गली

और हम दबी नज़र,
देह की दुकान पर,
साँस की शराब का ख़ुमार देखते रहे
कारवाँ गुज़र गया ग़ुबार देखते रहे।

आँख थी मिली मुझे कि अश्रु-अश्रु बीन लूँ,
होंठ थे खुले कि चूम हर नज़र हसीन लूँ,
दर्द था दिया गया कि प्यार से यक़ीन लूँ,
और गीत यूँ कि रात से चिराग़ छीन लूँ,
हो सका न कुछ मगर,
शाम बन गई सहर,
वह उठी लहर कि ढह गए क़िले बिखर-बिखर,
और हम लुटे-लुटे,
वक़्त से पिटे-पिटे,
दाम गाँठ के गवाँ बज़ार देखते रहे,
कारवाँ गुज़र गया ग़ुबार देखते रहे।

माँग भर चली कि एक जब नई-नई किरन,
ढोलकें धुनुक उठीं, ठुमक उठे चरण चरण,
शोर मच गया कि लो चली दुल्हन, चली दुल्हन,
गाँव सब उमड़ पड़ा, बहक उठे नयन-नयन
पर तभी ज़हर भरी,
गाज एक वह गिरी,
पुछ गया सिन्दूर तार-तार हुई चूनरी,
और हम अजान से
दूर के मकान से,
पालकी लिए हुए कहार देखते रहे,
कारवाँ गुज़र गया ग़ुबार देखते रहे।

एक रोज़ एक गेह चाँद जब नया उगा,
नौबतें बजीं, हुई छटी, डठौन रत जगा,
कुण्डली बनी कि जब मुहूर्त पुण्यमय लगा,

इसलिए कि दे सके न मृत्यु जन्म को दग़ा,
एक दिन न पर हुआ,
उड़ गया पला सुआ,
कुछ न कर सके शकुन, न काम आ सकी दुआ,
और हम डरे-डरे,
नीर नैन में भरे,
ओढ़ कर क़फ़न पड़े मज़ार देखते रहे,
चाह थी न किन्तु बार-बार देखते रहे,
कारवाँ गुज़र गया ग़ुबार देखते रहे।

वाणी अभिशापित होती है

आँखें होने पर भी जिसको सुन्दरता से प्यार नहीं है
मानो मत मानो उस कवि की वाणी अभिशापित होती है।
चढ़ा न जिस पर नशा प्यार का
वो जी कर भी नहीं जिया है,
सम्मुख अमृत-घट रखकर भी
उसने केवल ज़हर पिया है
रूप-रंग-रस का सागर जग, युक्ता-युक्ति इसी तल में हैं
इसे नकारें हम तो सारी रचना अपमानित होती है।
काम-वाम को क़ोस-कोस कर
जिसकी रात हुई हो काली
सच मानो वह मूढ़ स्वयम् के
मात-पिता को देता गाली
जिसने कहा कि प्रेम पाप है, और कामिनी राह नर्क की,
सुनकर उसकी बात प्रकृति क्या, सारी सृष्टि चकित होती है।
प्रेम-कनी जब तक न तराशे
हीरा हो अनमोल न हीरा
सूली ऊपर सेज बिछी जब
मीरा तभी बनी थी मीरा
मन को बिंधने दो फूलों से, तन को छिदने दो शूलों से,
उतना और उजाला होता जितनी लौ पीड़ित होती है।

आँसू जब सम्मानित होंगे

आँसू जब सम्मानित होंगे मुझको याद किया जाएगा
जहाँ प्रेम का चर्चा होगा मेरा नाम लिया जाएगा।

मान पत्र मैं नहीं लिख सका
राजभवन के सम्मानों का
मैं तो आशिक रहा जनम से
सुन्दरता के दीवानों का
लेकिन था मालूम नहीं ये
केवल इस ग़लती के कारण
सारी उम्र भटकने वाला
मुझको शाप दिया जाएगा।
आँसू जब सम्मानित होंगे...

खिलने को तैयार नहीं थी
तुलसी भी जिनके आँगन में
मैंने भर-भर दिए सितारे
उनके मटमैले दामन में
पीड़ा के संग रास रचाया
आँख भरी तो झूम के गाया
जैसे मैं जी लिया किसी से
क्या इस तरह जिया जाएगा ?
आँसू जब सम्मानित होंगे...

काजल और कटाक्षों पर तो
रीझ रही थी दुनिया सारी
मैंने किन्तु बरसने वाली
आँखों की आरती उतारी
रंग उड़ गए सब सतरंगी
तार-तार हर साँस हो गई
फटा हुआ यह कुर्ता अब तो
ज़्यादा नहीं सिया जाएगा।
आँसू जब सम्मानित होंगे...

जब भी कोई सपना टूटा
मेरी आँख वहाँ बरसी है
तड़पा हूँ मैं, जब भी कोई
मछली पानी को तरसी है,
गीत दर्द का पहला बेटा
दुख है उसका खेल खिलौना
कविता तब मीरा होगी जब
हँसकर ज़हर पिया जाएगा।
आँसू जब सम्मानित होंगे मुझको याद किया जाएगा।
जहाँ प्रेम का चर्चा होगा मेरा नाम लिया जाएगा।

यह प्यासों की प्रेम सभा है

यह प्यासों की प्रेम सभा है यहाँ सँभलकर आना जी
जो भी आए यहाँ किसी का हो जाए दीवाना जी।

ऐसा बरसे रंग यहाँ पर
जनम-जनम तक मन भीगे
फागुन बिना चुनरिया भीगे
सावन बिना भवन भीगे
ऐसी बारिश होय यहाँ पर बचे न कोई घराना जी।
यह प्यासों की प्रेम सभा है...

यहाँ न झगड़ा जाति-पाँति का
और न झंझट मज़हब का
एक सभी की प्यास यहाँ पर
एक ही बस प्याला सबका
यहाँ पिया से मिलना हो तो परदे सभी हटाना जी।
यह प्यासों की प्रेम सभा है...

प्यार की कहानी चाहिए

आदमी को आदमी बनाने के लिए
ज़िन्दगी में प्यार की कहानी चाहिए
और कहने के लिए कहानी प्यार की
स्याही नहीं, आँखों वाला पानी चाहिए।

जो भी कुछ लुटा रहे हो तुम यहाँ
वो ही बस तुम्हारे साथ जाएगा,
जो छुपा के रक्खा है तिजोरी में
वो तो धन न कोई काम आएगा,
सोने का यह रंग छूट जाना है
हर किसी का संग छूट जाना है,
आख़िरी सफ़र के इन्तज़ाम के लिए
जेब भी कफ़न में इक लगानी चाहिए।

रागिनी है एक प्यार की
ज़िन्दगी कि जिसका नाम है
गाके गर कटे तो है सुबह
रोके गर कटे तो शाम है
शब्द और ज्ञान व्यर्थ है
पूजा-पाठ ध्यान व्यर्थ है
आँसू को गीतों में बदलने के लिए
लौ किसी यार से लगानी चाहिए।

जो दुखों में मुस्करा दिया
वो तो इक गुलाब बन गया
दूसरों के हक़ में जो मिटा
प्यार की किताब बन गया,

आग और अंगारा भूल जा
तेज़ और दुधारा भूल जा
दर्द को मशाल में बदलने के लिए
अपनी सब जवानी ख़ुद जलानी चाहिए।

दर्द गर किसी का तेरे पास है
वो ख़ुदा तेरे बहुत क़रीब है
प्यार का जो रस नहीं है आँखों में
कैसा हो अमीर तू ग़रीब है
खाता और बही तो रे बहाना है
चेक और सही तो रे बहाना है
सच्ची साख मण्डी में कमाने के लिए
दिल की कोई हुण्डी भी भुनानी चाहिए।

आदमी को आदमी बनाने के लिए
ज़िन्दगी में प्यार की कहानी चाहिए।

लुटेरों का समर्थन कर रहे हैं

अब उजालों को यहाँ वनवास लेना ही पड़ेगा
सूर्य के बेटे अँधेरों का समर्थन कर रहे हैं।

एक भी कण्डील जलती है कहीं पर भी न कोई
जुगनुओं की रोशनी में काम चलता है शहर का
इस क़दर अमरित सरे बाज़ार अपमानित हुआ है—
हो गया है भाव ऊँचा सब दुकानों पर ज़हर का
लग रहा है अब परीक्षित फिर यहाँ कोई मरेगा
रस-विधायक स्वर सपेरों का समर्थन कर रहे हैं।

था सुना हमने कि जिनके खाँसने भर से कभी
जागती थीं क़िस्मतें सोए ज़मानों की
और जिनके क्रोध की चिनगारियाँ छूकर
टूट जाती थीं सलाखें जेलख़ानों की
आज वे ही लोग पद के लोभ-लालच में
राज्य के निर्मम लुटेरों का समर्थन कर रहे हैं।

जेलख़ानों की तरफ़ ही मुड़ गए हैं रास्ते सब
हर किसी के शीश पर तलवार इक नंगी खड़ी है
एक क़ब्रिस्तान की मानिन्द है ख़ामोश बस्ती
उल्लुओं की ही महज़ आवाज़ पेड़ों पर जड़ी है
नीड़ का निर्माण करते थे कि बुलबुल के लिए जो
चील-गिद्धों के बसेरों का समर्थन कर रहे हैं।
अब उजालों को यहाँ बनवास लेना ही पड़ेगा
सूर्य के बेटे अँधेरों का समर्थन कर रहे हैं।

पानी दो*

हो हो भैया पानी दो,
पानी दो गुड़ दानी दो
जलती है धरती पानी दो
मरती है धरती पानी दो
    हो मेरे भैया...
अंकुर फूटे रेत में
सोना उपजे खेत में
    बैल पियासा, भूखी है गैया,
    नाचे न अंगना में सोन-चिरैया,
    फ़सल बुबैया की उठे मड़ैया,
        मिट्टी को चूनर धानी दो
            हो मेरे भैया...
ऊदे ऊदे छाए बदरवा,
कूके कुयरिया, थिरके मोरवा,
बरसो राम धड़ाके से,
    मर गई बुढ़िया फाके से—
        हो मेरे भैया...
कोई न भूखे पेट मरै
चोर बजारी पै गाज गिरै
    महके बजरिया, झूमे डगरिया
    दूध-दहि भरि छलके गगरिया
    बाजे बंसरिया औ नाचे गुजरिया
        दुनिया को सुबह सुहानी दो
            हो मेरे भैया...

* उत्तर प्रदेश में गाए जाने वाले एक लोकगीत के आधार पर

खत्ती भरे किसान की,
बदले शक्ल जहान की,
हल से बियाहे धरती की गुरिया,
मेहँदी रचाए कुँआरी खुपरिया,
हर कोई हँसिया बने बरतिया,
छोटी को जेठ-जिठानी दो
हो मेरे भैया...
कारिख छूटे नसीब की,
क़िस्मत जगे ग़रीब की
धूम मचे चौपाल पर,
छेड़छाड़ हो ताल पर,
पहने झुपड़िया फूलों की अँगिया,
किरनों के कंगना चन्दा की बिन्दिया,
चूल्हे में सुलगे न गीली लकड़िया
मुनुआ को जल्द जवानी दो
हो मेरे भैया...

प्यार न होगा

जग रूठे तो बात न कोई
तुम रूठे तो प्यार न होगा।

मणियों में तुम ही हो कौस्तुभ
तारों में तुम ही हो चन्दा,
नदियों में तुम ही हो गंगा,
गंधों में तुम ही निशिगंधा,
दीपक में जैसे लौ-बाती
तुम प्राणों के संग-संगाती,
तन बिछुड़े तो बात न कोई
तुम बिछुड़े सिंगार न होगा।

व्योम नहीं यह, भाल तुम्हारा
धरा नहीं है धूल चरण की,
सृष्टि नहीं, यह लीला केवल—
सृजन-प्रलय की, प्रलय-सृजन की,
तन का, मन का, जग-जीवन का
हम न रहे तो बात न कोई,
तुम न रहे संसार न होगा।

पूनम गौर कपोल बिराजे
अधर हँसे उषा अरुणी भी,
कुंतल लट से लिपटी सन्ध्या,
श्यामा अंजन रेख-नशीली,

सरि-सागर, दिशि-दिशि भू-अम्बर
तुमसे ही द्युतिमान चराचर;
रवि न उगे तो बात न कोई
तुम न उगे उजियारा न होगा।

तुम बोले संगीत जी गया
तुम चुप हुए हुई चुप वाणी
तुम विहँसे मधुमास हँस उठा,
तुम रोए रो उठा हिमानी,
जन्म विरह-दिन, मरण मिलन-क्षण,
तुम ही दोनों पर्व चिरन्तन,
दृग न दिखे तो बात न कोई
तुम न दिखे दरबार न होगा।

तुमसे लागी प्रीति, बिना—
भाँवर दुलहिन हो गई सुहागिन
तुमसे हुआ विद्रोह मृत्तिका—
की बन्दिन हो गई अनादिन,
निपट विचारी, निपट दुखारी
बिना तुम्हारे राज कुमारी,
मुक्ति न मिले न कोई चिन्ता,
तुम न मिले भव पार ऩ होगा।
जग रूठे तो बात न कोई
तुम रूठे तो प्यार न होगा।

तुम ही नहीं मिले जीवन में

पीड़ा मिली जनम के द्वारे, अपयश पाया नदी किनारे
इतना कुछ मिल गया एक बस तुम ही नहीं मिले जीवन में।

हुई दोस्ती ऐसी दुख से
हर मुश्किल बन गई रुवाई,
इतना प्यार जलन कर बैठी
क्वाँरी ही मर गई जुन्हाई,
बगिया में न पपीहा बोला द्वार न कोई उतरा डोला,
सारा दिन कट गया बीनते काँटे उलझे हुए वसन में।

कहीं चुरा ले चोर न कोई
दर्द तुम्हारा, याद तुम्हारी,
इसीलिए आकर जीवन भर
आँसू ने की पहरेदारी,
बरखा गई सुने बिन वंशी औ मधुमास रहा निरवंशी,
गुज़र गई हर ऋतु ज्यों कोई भिक्षुक दम तोड़ दे विजन में।

घट भरने को छलके पनघट
सेज सजाने दौड़ीं कलियाँ,
पर तेरी तलाश में पीछे
छूट गईं सब रस की गलियाँ,
सपने खेल न पाए होली, अरमानों के लगी न रोली,
बचपन झुलस गया पतझर में, यौवन भीग गया सावन में।

मिट्टी तक तो रुँदकर जग में
कंकड़ से बन गई खिलौना,
पर हर चोट ब्याह करके भी
मेरा सूना रहा बिछौना
नहीं कहीं से पाती आई, नहीं कहीं से मिली बधाई
सूनी ही रह गई डाल, इस इतने फूलों भरे चमन में।

तुम ही हो वह जिसकी ख़ातिर
निशि दिन घूम रही यह तकली,
तुम ही यदि न मिले तो है सब
व्यर्थ कताई असली-नक़ली
अब तो और न देर लगाओ, चाहे किसी रूप में आओ
एक सूत-भर की दूरी है बस दामन में और कफ़न में।

जवानी है क़लम मेरी

जवानी है क़लम मेरी
मुहब्बत रोशनाई है।
मैं वो शायर हूँ जिसकी
ज़िन्दगी ही इक रुबाई है।

जलाकर दिल अँधेरों में
उजाला कर रहा हूँ मैं
हरेक सूनी हथेली पर
सितारे धर रहा हूँ मैं
हैं मेरे यार सब आँसू
ग़मों से आशनाई है।
मैं वो शायर हूँ जिसकी
ज़िन्दगी ही इक रुबाई है।

किसी भी जुल्म के आगे
नहीं झुकती क़लम मेरी
भले ही वक़्त रुक जाए
नहीं रुकती क़लम मेरी
लगाकर दाँव मुझसे मौत ने
भी मात खाई है।
मैं वो शायर हूँ जिसकी
ज़िन्दगी ही इक रुबाई है।

सितारे जिनसे नाखुश हैं
उन्हें मैं रोशनी दूँगा
जो जीने को तरसते हैं
उन्हें मैं ज़िन्दगी दूँगा
ज़माने को बदलने की
क़सम मैंने उठाई है।
मैं वो शायर हूँ जिसकी
ज़िन्दगी ही इक रुबाई है।

गर क़लम न छीनी गई

गर क़लम न छीनी गई तो हिन्दुस्तान बदल कर छोड़ूँगा।
इन्सान है क्या मैं दुनिया का भगवान बदलकर छोड़ूँगा॥

मैं देख रहा हूँ भूख उग रही है गलियों बाज़ारों में,
मैं देख रहा हूँ ढूँढ़ रही बेकारी कफ़न मज़ारों में,
मैं देख रहा हूँ कला बन गई है तिजोरियों की चाबी,
मैं देख रहा इतिहास क़ैद है चाँदी की दीवारों में,
मैं देख रहा हूँ दूध उगलने वाली धरती प्यासी है,
मैं देख रहा हर दरवाज़े पर छाई मौत उदासी है,
मैं देख रहा मुट्ठी भर दाने पर बिकता सिन्दूर खड़ा
मैं देख रहा हर सुबह सूर्य के ही घर में संन्यासी है,
खुद मिट जाऊँगा या यह सब सामान बदलकर छोड़ूँगा।

मैं अंगारे ही गाऊँगा जब तक दिनमान न निकलेगा,
आँधी खुद ही बन जाऊँगा जब तक तूफान न निकलेगा,
मैं यूँ ही अपने शीश रहूँगा पहने ताज कफ़न वाला,
जब तक मेरे शव पर चढ़कर मेरा बलिदान न निकलेगा,
मेरा है प्रण जब तक यह काली निशा नहीं उजियाली हो,
जब तक रोशनी सकल जग के मेरे लोहू की लाली हो,
मेरा है मौन कि आता है जब तक न यहाँ मधुमास नया
तब तक मेरी ही क़लम मुरझती बगिया की हरियाली हो
मैं स्वर का नया शहीद साज हर गान बदलकर छोड़ूँगा।

मुझको फाँसी का फन्दा दिखलाकर तुम मोड़ नहीं सकते,
मुझ पर तलवारें अज़माकर मुझको तुम तोड़ नहीं सकते,
बेड़ी हथकड़ियों से मेरी मिट्टी ही बस बँध सकती है,
मेरे विद्रोही गानों पर तुम गाँठें जोड़ नहीं सकते,

मैं उस माँ का बेटा हूँ जिसकी गोद लहू से लथपथ है,
मैं उस बहना का फूल कि जिसका पतझारों का ही पथ है,
मैं उस चिराग़ की ज्योति जला जो जीवन भर तूफ़ानों में,
मैं उसका सेज-सुहाग मरण-आलिंगन ही जिसका व्रत है,
मैं नवयुग-निर्माता हूँ रूढ़ि विधान बदलकर छोड़ूँगा।

मैं उन्हें चाँद दूँगा जिनके घर नहीं सितारे जाते हैं,
मैं उन्हें हँसी दूँगा जिनके घर फूल नहीं हँस पाते हैं,
मैं उनका तीरथ हूँ जिनके पैरों की मिट्टी काशी है
उनका सावन हूँ जो रेगिस्तानों से हाथ मिलाते हैं,
वे सभी उजाले में आएँ जो अँधियारे में खोए हैं
वे सभी देश गौरव हों जो निज श्रम से दीप सँजोए हैं,
तुमसे कोई दुश्मनी नहीं बस इतना कहना है मेरा
वे सभी हँसें जो रोए हैं, वे सभी जगें जो सोए हैं
गर यह न हुआ तो सचमुच तीर कमान बदलकर छोड़ूँगा।
इन्सान है क्या मैं दुनिया का भगवान बदलकर छोड़ूँगा।

अब ज़माने को ख़बर कर दो

अब ज़माने को ख़बर कर दो कि 'नीरज' गा रहा है।

जो झुका है वह उठे अब सर उठाए,
जो रुका है वह चले नभ चूम आए,
जो लुटा है वह नये सपने सजाए,
जुल्म-शोषण को खुली देकर चुनौती,
प्यार अब तलवार को बहला रहा है।

हर छलकती आँख को वीणा थमा दो,
हर सिसकती साँस को कोयल बना दो,
हर लुटे सिंगार को पायल पिन्हा दो,
चाँदनी के कण्ठ में डाले भुजाएँ,
गीत फिर मधुमास लाने जा रहा है।

जा कहो नभ से करे वापस सितारे,
माँग लो बढ़कर धुएँ से अब अंगारे,
बिजलियों से बोल दो घूँघट उघारे
पहन लपटों का मुकुट काली धरा पर,
सूर्य बनकर आज श्रम मुस्का रहा है।

शोषणों की हाट से लाशें हटाओ,
मरघटों को खेत की खुशबू सुँघाओ,
पतझरों में फूल के घुँघरू बजाओ,
हर क़लम की नोक पर मैं देखता हूँ,
स्वर्ग का नक्शा उतरता जा रहा है।

इस तरह फिर मौत की होगी न शादी,
इस तरह फिर शूल बेचेगी न चाँदी
इस तरह फिर नीड़ निगलेगी न आँधी,
शान्ति का झण्डा लिए कर में हिमालय
रास्ता संसार को दिखला रहा है।
अब ज़माने को ख़बर कर दो कि 'नीरज' गा रहा है।

बिन धागे की सुई ज़िन्दगी

मेरा जीवन बिखर गया है, तुम चुन लो कंचन बन जाऊँ !

तुम पारस, मैं अयस अपावन
तुम अमरित, मैं विष की बेली,
तृप्ति तुम्हारी चरणन-चेरी,
तृष्णा मेरी निपट सहेली,
तन-मन भूखा जीवन भूखा,
सारा खेत पड़ा है सूखा,
तुम बरसो घनश्याम तनिक तो
मैं अषाढ़-सावन बन जाऊँ।
मेरा जीवन बिखर गया है।

यश की बनी अनुचरी प्रतिभा
बिकी अर्थ के हाथ भावना,
काम-क्रोध का द्वारपाल मन,
लालच के घर रहन कामना
अपना ज्ञान न जग का परिचय,
बिना मंच का सारा अभिनय
सूत्रधार तुम बनो अगर तो
मैं अदृश्य दर्शन बन जाऊँ।
मेरा जीवन बिखर गया है।

बिन धागे की सुई ज़िन्दगी
सिये न कुछ, बस चुभ-चुभ जाए,
कटी पतंग-समान सृष्टि यह
ललचाए पर हाथ न आए

रीती झोली, जर्जर कंथा,
अटपट मौसम, दुस्तर पंथा
तुम यदि साथ रहो तो फिर मैं
मुक्तक रामायण बन जाऊँ।
मेरा जीवन बिखर गया है।

बुदबुद तक मिटकर हिलोर इक
उठा गया सागर अकूल में,
पर मैं ऐसा मिटा कि अब तक
फूल न बना, न मिला धूल में।
कब तक और सहूँ यह पीड़ा ?
अब तो खत्म करो प्रभु ! क्रीड़ा,
इतनी दो न थकान कि जब तुम
आओ, मैं दृग खोल न पाऊँ।
मेरा जीवन बिखर गया है।

सिक्का

मैं चंचल पंथी चाँदी के पथ का !

जननी मेरी पूँजी—वासवदत्ता,
व्यभिचारी शोषण मेरा रसिक पिता,
मैं रोटी का पति, बिन जिसके जग में
टुकड़ों पर बिकने लगती मानवता,
जन्मा मैं जिस दिन चोर-बज़ारों में
था जुआ हुआ साहित्य-संस्कृति का।

मैं चंचल पंथी चाँदी के पथ का !

मैं रक्त, स्वेद, श्रम पी-पीकर पलता,
पग जग के मस्तक पर धर मैं चलता,
सोता नारी के नग्न उरोजों पर
जगता सतीत्व मैं चुटकी से मलता,
युग की द्रौपदी नग्न कर दी मैंने
मैं अर्थ दुःशासन के कामी कृत का।

मैं चंचल पंथी चाँदी के पथ का !

मैंने राजा को रंक बना डाला,
मैंने फ़कीर को ताज पिन्हा डाला,
रवि उगा दिया पूरब का पश्चिम में,
शिर पर धरती आकाश उठा डाला,
बाँटा मानव को आनों-पैसों में
मैं वाहक युग की पूँजी के रथ का।

मैं चंचल पंथी चाँदी के पथ का !

मुझको जिसने पाया सब कुछ पाया,
त्यागा जिसने सब कुछ निज बिनसाया,
बदलीं मैंने रेखाएँ मस्तक की
विधि का विधि बनकर मैं जग में आया,
मैं जन्म-मरण से परे ब्रह्म जिसके
कर में गति-सूत्र-सृष्टि के इति-अथ का !

मैं चंचल पंथी चाँदी के पथ का !

दुनिया प्यासी मेरे आलिंगन की,
ठोकर भी कली खिला देती मन की,
सह लेता मेरी मार तनिक भी जो
नस ही उसकी झुक जाती गर्दन की,
कैसा भी हो जड़-बुद्धि मुझे पाकर
पा लेता है सब ज्ञान असत-सत का।

मैं चंचल पंथी चाँदी के पथ का।

पागलखाना कुर्सी का

जिस नेता को भी देखो
वो है दीवाना कुर्सी का
सारा देश बना है अपना
पागलखाना कुर्सी का

कुर्सी की खातिर लोगों ने
क्या न किए छल-छन्द यहाँ
कोई बना मीरजाफ़र तो
कोई बना जयचंद यहाँ
देशभक्त ग़द्दार बना पाकर नज़राना कुर्सी का
जिस बन्दे को भी देखो
वो है दीवाना कुर्सी का

राजघाट की क़सम यहाँ
बदनाम हुई कुर्सी के लिए
वेश्या बनकर राजनीति
नीलाम हुई कुर्सी के लिए
भर आती है आँख अगर हम कहें फ़साना कुर्सी का
सारा देश बना है अपना
पागलखाना कुर्सी का

सिद्धान्तों की क़ब्र खुदी
और आदर्शों की चिता जली
नींव पड़ी विश्वासघात की
ग़द्दारी की हवा चली

यह सब जिसने किया एक था वो मौलाना कुर्सी का
सारा देश बना है अपना
पागलखाना कुर्सी का

कुर्सी की जो कृपा हुई तो
गधा बन गया अफ़सर है
चोर बन गया कोतवाल और
डाकू बना मिनिस्टर है
क्या-क्या रंग दिखाए कोई दौलतखाना कुर्सी का
सारा देश बना है अपना
पागलखाना कुर्सी का

कुर्सी के बाज़ार में नंगा
होकर यूँ इन्सान बिका
दीन बिका, ईमान बिका
और देश का सब सम्मान बिका
कहीं न हिन्दुस्तान बेच दे कोई दिवाना कुर्सी का
सारा देश बना है अपना
पागलखाना कुर्सी का

मैं तो लेकर कलम उठूँ
तुम लेकर नई मशाल उठो
साज़िश का ये नगर ध्वस्त हो
हँसिये और कुदाल उठो
लोकतन्त्र बन गया है अपना आना-जाना कुर्सी का।
सारा देश बना है अपना
पागलखाना कुर्सी का

कविताएँ

कविता

कविता एक चिड़िया है
जो अपना घोंसला तो
पेड़ की ऊँची से ऊँची शाख पर बनाती है
लेकिन जो अपना भोजन
धरती के गन्दे से गन्दे कोनों में खोजती है !

इसलिए,
हे संसार के महापुरुषो !
कविता मत करो—
क्योंकि सृजन के लिए
उसके साथ
तुम्हें भी ज़मीन की
गन्दगियों में उतरना पड़ेगा।

एक प्रश्न

जन्म मिथ्या है
क्योंकि उस पर
मृत्यु का प्रश्नचिह्न है,

प्रेम मिथ्या है
क्योंकि वह
घृणा की पीड़ा से छिन्न है,

सृजन मिथ्या है
क्योंकि वह
ध्वंस के उत्सव से अभिन्न है,
तो क्या यहाँ मिथ्या ही सत्य है ?

उस दिन

उस दिन
इसी शिला-खण्ड पर लेटकर
हमने डूबते हुए सूरज को देखा था।

उस दिन
इसी शिला-खण्ड पर खड़े होकर
हमने एक-दूसरे का हाथ थामा था।

उस दिन
इसी शिला-खण्ड पर बैठकर
हमारे होंठों ने प्यार का पहला गीत गाया था।

आज पाँच साल बाद
हम उसी तट पर फिर आए हैं,
सिर पर वही सूरज है,
पाँवों के नीचे वही रेत है,
सामने गरजता हुआ वो ही समुद्र है
और बैठने को वही निभृत शिला-खण्ड।
कुछ भी नहीं बदला है
सब कुछ वैसा ही है—पूर्ववत्।
    वैसे तो समय का समुद्र
    हर वस्तु पर
    अपना चिह्न छोड़ता चलता है
    लेकिन हमारा प्यार यदि न बदले
    तो तट पर भी,
    रेत पर भी कुछ नहीं बदलता है।

फूलों का विद्रोह

कैंची से काँटों तक की तो क्रान्ति कुतर डाली,
यह फूलों का विद्रोह कौन बल रोकेगा ?
आ रही सुरभि की आँधी जो हर उपवन में,
पतझार कौन-सा है जो इसको टोकेगा ?

रे ! गंध नहीं बाँटी जा सकती ताक़त से,
वह तूफानों के बाल खोल लहराती है,
गाती है जब वह बैठ चिता की लपटों में,
मरघट की मिट्टी तक से क्रान्ति उगाती है।

कोमल हैं कलियाँ और पंखुरियाँ नाज़ुक हैं,
घायल कर सकती खुशबू किन्तु पहाड़ों को;
गुदगुदा जगा सकती मुर्दा चट्टानों को,
तलवार थमा सकती आँसू की धारों को।

गरमा देती है सर्द बर्फ़ के सीने को,
असमय जब कोई फूल कहीं मुरझाता है,
हल्की नोकों की धार तेज़ कर देती है,
जब खून ज़मीनों पर इतिहास बिछाता है।

जब कभी खोलती है वह अपने पवन पंख,
लोहे की दुनिया सौरभ से भर जाती है,
टैंकों की छाती पर हँस उठते फूल-पात
बारूद कली की बाँहों में शरमाती है।

'चेरी' के होंठों पर सुर्खी दौड़ती उधर,
नरगिस के गालों पर इस ओर ललाई है,
उस दिशा खिल रहे हैं बिजली के लाल-फूल,
इस दिशा अंगारों पर बहार बौराई है।

चम्पा, गुलाब, जूही, बेला, केतकी, कमल
सबके हाथों में परिमल की पिचकारी है,
माली हो जा हुशियार कि तेरे तन-मन से
होली खेली जाने की तैयारी है !

यह रंगों का जो वस्त्र बुना है धरती ने,
तेरी फौलादी क़ैंची काट न पाएगी,
भूले से भी पड़ गई अगर तुझ पर फुहार,
यह इस्पाती फुहार काग़ज़ हो जाएगी !

मत उसे क़ैद कर इन चाँदी के महलों में
बाग़ी घर ही की दीवारें हो जाएँगी
मत हाथ बढ़ा इसके छूने को ओ पागल !
दुश्मन कर की ही तलवारें हो जाएँगी

तू धूल न इस पर फेंक, सीख बस यह इससे—
किस भाँति विश्व में मधु-ऋतु लाया जाता है
कैसे विनाश पर विजयी होता है विकास,
किस तरह धूल में फूल खिलाया जाता है।

कैसे यह विष वैषम्य मिटेगा दुनिया से,
कैसे ममता का स्वर्ग-सवेरा आएगा ?
कैसे मिल की चिमनी का धुआँ साफ़ होगा
कैसे किसान निज हल को ताज पिन्हाएगा ?

सभ्यता कहाँ आ गई

सभ्यता कहाँ आ गई, खड़ा है कहाँ विश्व ?
जा रहा किधर गति-रथ विज्ञान-कलाओं का ?
किस दिशि उन्मुख इतिहास ? दे रहा यह विकास ?
क्या शोर समय का है ? या शोर हवाओं का ?

क्या यही सभ्यता का वह सुन्दर सुखद स्वर्ग ?
है पड़ा जहाँ पग-पग पर मुर्दों का पड़ाव,
बिक रहा जहाँ नारीत्व रजत के टुकड़ों पर
फूलों के शव पर जहाँ शृगालों का जमाव !

क्या यही कला की चिर अनमोल अजन्ता है ?
मकड़ी-मकड़ों ने जहाँ तान रक्खे जाले
घोंसले बने हैं यहाँ उलूकों-गिद्धों के
अजगर, बिच्छू, साँपों के यहाँ बोल-बाले

यह जलते महल-मकान, तड़पते गली-गाँव,
यह भूख, भुखमरी, सूखा, बाढ़, अकाल-ग्रास,
यह ध्वस्त धरा, यह बम्ब धुएँ से घायल नभ
विज्ञान इसी को कहता क्या मानव विकास ?

सम्मुख लहराता है शोणित का सतत सिन्धु
इतिहास यहीं तक बस क्या चल पाया है
मानव-मानव के बीच घृणा की बन्दूकें
क्या यही प्रगति अब तक मज़हब कर पाया है ?

बाइबिल के स्वर्ण सफ़ों पर गोली के अक्षर
क्या क्राइस्ट, शेक्सपियर, शेली का यही देश ?
कर में एटम, मस्तक में युद्धों के नक्शे,
लिंकन, वाशिंगटन, इलियट का क्या यही वेश ?

क्या वाल्मीकि का यही तपोवन पावन है ?
सीता की साड़ी जहाँ उतार रहा सोना,
क्या यही सूर का वृन्दावन मन-भावन है ?
राधा से जहाँ ज़माना करता अनहोना ?

गांधी का देश यही ? सुभाष की यही भूमि
है क़ैद जहाँ आज़ादी सेफ़ तिजोरी में ?
वेदों, उपनिषदों, गीता का क्या यही धर्म
हो जाए आदमी बन्द नाज की बोरी में ?

मैं सोच रहा हूँ इस गति से चलकर ज़मीन,
किस ओर आदमी की क़िस्मत ले जाएगी ?
ऐसे ही गर विज्ञान चाटता रहा लहू
दुनिया सारी कितने दिन ख़ैर मनाएगी ?

करती है जब विद्रोह प्रकृति होकर अधीर
आदमी स्वयं तब अपनी मौत बुलाता है
जब बम अज़माता है निज पौरुष निर्बल पर
तब उसका ही निर्माण उसे खा जाता है।

अब भी है समय नहीं कुछ ज़्यादा देर हुई
लोहे के ये बोझीले वस्त्र उतारो तुम
आँखों से यह सोने का सुरमा दूर करो
ले प्यार आँख में भू की ओर निहारो तुम

सारे कण्ठों में एक साथ मिलकर गाओ
वह गीत जो सबके गीतों को गाता है
जिसकी लय तान अमर है—कभी न टूटी है
वह गीत—जिसे जग कहता धरती माता है।

दुश्मन को अपना हृदय ज़रा देकर देखो

यह नफ़रत की बारूद न बिखराओ साथी !
यह युद्धों का ज़हरीला नारा बन्द करो,
जो प्यार तिजोरी सेफ़ों में है तड़प रहा
उसके बन्धन खोलो उसको स्वच्छन्द करो !

मृत मानवता ज़िन्दगी माँगती है तुमसे
दो बूँद स्नेह की उसके प्राणों में ढालो,
आदम का यह जो स्वर्ग हो रहा है मरघट
जाओ ममता का एक दिया उसमें बालो !

निर्माण घृणा से नहीं प्यार से होता है,
सुख-शान्ति खड्ग पर नहीं फूल पर चलते हैं,
आदमी देह से नहीं, नेह से जीता है,
बम्बों से नहीं वज्र से बोल पिघलते हैं।

तुम डरो न, आगे आओ निज भुज फैलाओ
है प्यार जहाँ, तलवार वहाँ झुक जाती है,
पतवार प्रेम की छू जाए जिस किश्ती को,
मझधार, पार उसको खुद पहुँचा आती है।

जिसके अधरों पर गीत प्रेम का जीवित है,
वह हँस कर तूफानों को गोद खिलाता है,
जिसके सीने में दर्द छुपा है दुनिया का,
सैलाबों से बढ़कर वह हाथ मिलाता है।

कितना ही क्यों न बड़ा हो घाव हृदय में, पर
सच कहता हूँ यह प्यार उसे भर सकता है,
कैसा ही बाग़ी-दुश्मन हो आदमी मगर
बस एक अश्रु का तार क़ैद कर सकता है।

कितना ही ऊबड़-खाबड़ हो रास्ता किन्तु
वह प्यार फूल-सा तुम्हें उठा ले जाएगा,
कैसी ही भीषण अँधियारी हो धुआँ-धुंध
पर एक स्नेह का दीप सुबह ले आएगा।

मैं इसीलिए अक्सर लोगों से कहता हूँ
जिस जगह बँटे नफ़रत जा प्यार चुराओ तुम
जो चोट करे तुम पर उसके चूम लो हाथ
जो गाली दे उसको आशीष पिन्हाओ तुम।

तुम शान्ति नहीं ला पाए युद्धों के द्वारा
अब फेंक ज़रा तलवार, प्यार लेकर देखो,
सच मानो निश्चय विजय तुम्हारी ही होगी
दुश्मन को अपना हृदय ज़रा देकर देखो।

नई सभ्यता

साँसों में ज़हरीली गैसें, स्वर में माइक्रोफोन,
आँखों पर कैमरा, कान पर पहने टेलीफोन,
दुबली-पतली गर्दन में गोली-गोलों के हार,
पंख लगे बाँहों में चटपट उड़ने को तैयार,
चितवन में बिजली, चलने में टैंकों का रव-घोष
बातचीत में उबला पड़ता युद्धों का आक्रोश,
अधरों पर है रक्त लिपिस्टिक की लोहित मुस्कान
छिपा सर्जरी का कलाइयों में सारा विज्ञान
एक हाथ में मौत, दूसरे में लिटरेचर डम्ब,
बाँधे हुए कंचुकी में हाइड्रोजन एटम बम्ब,
छिपा लोह-वस्त्रों में डालर-सा काग़ज़ी शरीर,
आसपास चल रही मशीनों अख़बारों की भीड़
घृणा और बारूद बाँटती हँसती मुस्काती है,
करो वैलकम नई सभ्यता की देवी आती है।

जीवन कट गया

जीवन कटना था कट गया
अच्छा कटा,
बुरा कटा,
यह तुम जानो
मैं तो ये समझता हूँ
कपड़ा पुराना एक फटना था फट गया।
जीवन कटना था कट गया।
रीता है क्या कुछ
बीता है क्या कुछ
यह हिसाब तुम करो
मैं तो यह कहता हूँ
परदा भरम का जो हटना था हट गया।
जीवन कटना था कट गया।
क्या होगा चुकने के बाद
बूँद-बूँद रिसने के बाद
यह चिन्ता तुम करो
मैं तो यह कहता हूँ,
कर्ज़ा जो मिट्टी का पटना था पट गया।
जीवन कटना था कट गया।
बँधा हूँ कि खुला हूँ
मैला हूँ कि धुला हूँ
यह विचार तुम करो
मैं तो यह सुनता हूँ
घट-घट का अन्तर जो घटना था घट गया।
जीवन कटना था कट गया।

सबसे ग़रीब इन्सान

(एक प्राचीन बोध कथा)

एक था बियावान
बियावान में था एक क़ब्रिस्तान
क़ब्रिस्तान में रहता था एक मलंग,
पागलों से थे उसके ढंग।
क़ब्रिस्तान में गड़ा था एक पत्थर
जिस पर अंकित थे शब्दाक्षर।
''यहाँ एक अनमोल ख़ज़ाना है गड़ा
सदियों से जो सड़ रहा है पड़ा-पड़ा''
कोई भी आए
क़ब्र खोदे
''और ख़ज़ाना ले जाए।''
जो भी यात्री उधर से गुज़रता
पागल सबको उस शिलालेख की ओर संकेत करता
कहता—''आओ
क़ब्र खोदो और ख़ज़ाना ले जाओ।''
मगर ग़रीब से ग़रीब
भिखारी ने भी वो ख़ज़ाना नहीं छुआ।
सब उससे बचकर निकल जाते
जैसे वो हो कोई मौत का कुआँ
तभी निकला एक दिन
उधर से एक सम्राट
जो लूटकर आ रहा था
किसी अन्य राजा का राजपाट
अकूत धन उसके पास था
मगर उसका लोभ

विस्तार आकाश का था
पागल ने उसे भी वो शिलालेख पढ़वाया
उसे पढ़कर सम्राट
खुशी से फूला नहीं समाया
और फिर बिना कुछ सोचे-समझे
उसने पूरा का पूरा क़ब्रिस्तान खुदवाया
मगर हाय री तक़दीर
मुर्दों की हड्डियों के सिवा
उसके हाथ कुछ न आया
सम्राट जब अपनी
विफलता पर झुँझला रहा था
तब पागल यह कहकर
मुस्करा रहा था—
"दुनिया का सबसे ग़रीब इन्सान
देखने की इच्छा बरसों से थी
मेरे मन में
सो हे सम्राट
तुझे देखकर
पूरी हुई इस निर्जन में
जिसे नसीब न था
एक भी दाना
ऐसे ग़रीब तक ने
छुआ नहीं ये ख़ज़ाना
उसी के पाने को
होते हुए भी सब ठाठ-बाट
रखते हुए भी सब राजपाट
तूने मुर्दों की क़ब्रों तक को
किया तबाह
तेरे लोभ की है कोई इन्तिहा ?
तुझसे बढ़कर और
कौन ग़रीब होगा ओ शहंशाह !"

कानपुर के नाम

कानपुर ! आह ! तेरी याद आज फिर आई
स्याह कुछ और मेरी रात हुई जाती है,
आँख पहले भी बहुत रोई थी बहुत तेरे लिए
अब तो लगता है कि बरसात हुई जाती है।
तू क्या रूठा मेरे चेहरे का रंग रूठ गया,
तू क्या छूटा मेरे दिल ने ही मुझे छोड़ दिया,
इस तरह ग़म में है बदली हुई हर एक खुशी
जैसे मंडप में ही दुलहिन ने हो दम तोड़ दिया।
प्यार करके भी मुझे भूल गया तू लेकिन
मैं तेरे प्यार का अहसान चुकाऊँ कैसे ?
जिसके सीने से लिपट आँख है रोई सौ बार
उसकी तस्वीर से आँसू ये छिपाऊँ कैसे ?
आज भी तेरे बेनिशान किसी कोने में
मेरी गुमनाम उम्मीदों की बसी बस्ती है
आज भी तेरी किसी मिल के किसी फाटक पर
मेरी मज़बूर ग़रीबी खड़ी तरसती है।
फर्श पर तेरे 'तिलक हाल' के अब भी जाकर
ठीक बचपन मेरे गीतों का खेल आता है,
आज भी तेरे 'फूल बाग़' की हर पत्ती पर
ओस बन-बन के मेरा दर्द बरस जाता है
करती टाइप किसी आफिस की किसी टेबिल पर,
आज भी बैठी कहीं होगी थकावट मेरी;
खोई-खोई-सी परेशान किसी उलझन में
किसी फाइल पे झुकी होगी लिखावट मेरी।
कुरसवाँ की वह अँधेरी-सी हवादार गली
मेरे गुंजन ने जहाँ पहली क़िरण देखी थी,
मेरी बदनाम जवानी के बुढ़ापे ने जहाँ
ज़िन्दगी भूख के शोलों में दफ़न देखी थी।

आज भी उसके खतावार छिलके आवारा
मेरे पैरों से लिपटने के लिए फिरते हैं
आज भी उसकी सिसकती हुई दीवारों से
टूटे सपने मेरे, चूने की तरह झरते हैं।
और ऋषियों के नाम वाला वो नामी कालिज
प्यार देकर भी जो न्याय न दे सका मुझको
मेरी बगिया की हवा जो तू उधर से गुज़रे
कुछ भी कहना न, बस सीने से लगाना उसको।
क्योंकि वह ज्ञान का इक तीर्थ है जिसके तटपर
खेलकर मेरी क़लम आज सुहागिन है बनी,
क्योंकि वह एक शिवाला है जिसकी देहरी पर
होके नतशीश मेरी अर्चना हुई है घनी।
आज भी उसके डेस्कों पे झुकी जमुहाती
मेरी ठिठुरी-सी सुबह सुन रही होगी लेक्चर
आज भी उसके रजिस्टर के किसी ख़ाने में
मेरे गुमनाम या सरनाम की कुछ होगी ख़बर।
बात यह सिर्फ किन्तु जानती है 'मेस्टन रोड'
ट्यूब कितने कि मेरी साइकिल के बदले हैं?
और 'चित्रा' से जो चाहो तो पूछ लेना तुम
मेरी तस्वीर में किस-किस के रंग धुँधले हैं?
गीत मैं किसके लिए लिखता हूँ यह राज़ तुम्हें
डाकिया नेहरू नगर का ही बता सकता है,
परदा जो मेरे आँसुओं को ढके रहता है
वह तो बस कोई सितमगर ही उठा सकता है।
और वो शाम, आह मेरी हार-जीत की शाम
आँख से आँख मिलाकर जो रह गई थी खड़ी,
आज भी दिल के आईने में आठ साल के बाद
वो ही सूरत, हाँ उसी नाज़ो अदा से है जड़ी।
शोख मुस्कान वही और वही ढीठ नज़र
साथ साँसों के यहाँ तक रे चली आई है
तीन सौ मील की दूरी भी कोई दूरी है
प्रेम की गाँठ तो मरके भी न खुल पाई है।

याद आती है बहुत छाँव वह इमली वाली
छाँह जिसकी कि दुबारा न फिर हम घूम सके
आज तक भूल न पाया वह चाँद पूनम का
चूमने को जिसे दौड़े न मगर चूम सके।
आह वह लाल हथेली वह तुनकती मेहँदी
अब भी सपनों के बियाबाँ में महक जाती है
अब भी रातों के स्याह-सुन्न से सन्नाटे में
एक है आग जो बुझ-बुझ के दहक जाती है।
किसकी अलकों की नरम छाँह में जा सो जाऊँ
अब वे रातें न रहीं, अब वे बिछौने न रहे,
किसकी तस्वीर से रीता हुआ दिल बहलाऊँ
अब वह बचपन न रहा, अब वह खिलौने न रहे।
कानपुर आज जो देखे तू अपने बेटे को
अपने नीरज की जगह लाश उसकी पाएगा
सस्ता खुद इतना यहाँ मैंने ख़ुद को बेचा है
मुझको मुफलिस भी खरीदे तो सहम जाएगा।
कानपुर तूने मुझे इतनी उमर तो दे दी
किन्तु रहने को तीन ग़ज़ ज़मीन दे न सका,
पोंछ लूँ जिससे मैं अपने ये सुलगते आँसू
मेरे गीतों को एक आस्तीन दे न सका।
तेरे बाज़ार में बिकता भी तो मैं खुश होता
बिक के इस गाँव मगर चैन न पा सकता हूँ,
सर उठाकर के इजाज़त जो मिले चलने की
ये शहर छोड़ के मैं नर्क में जा सकता हूँ।
साल भर बाद बुलाया है तूने आज मुझे
चाहे कुछ भी तू कहे यों ना मैं आ पाऊँगा
पालकी कवि की उठाना तुझे जब आ जाए
मुझको लिखना मैं तुझे दौड़ के मिल जाऊँगा।
और तब तक के लिए अपने कारख़ानों को,
खूब समझा दे कि उगलें न ज़हर धरती पर
यूँ ही पीती न रहेगी मेरी धरती यह धुआँ
यूँ ही रोती न रहेगी नये भारत की नज़र।

गोपालदास 'नीरज'

पूरा नाम : गोपालदास सक्सेना 'नीरज'

जन्म : 4 जनवरी, 1925

स्थान : ग्राम पुरावली, ज़िला इटावा, उत्तर प्रदेश।

पिता : बाबू ब्रजकिशोर

शिक्षा : सन् 1942 में एटा से हाई स्कूल परीक्षा प्रथम श्रेणी में उत्तीर्ण की। 1949 में इण्टरमीडिएट तथा 1951 में बी.ए. किया। 1953 में एम.ए. प्रथम श्रेणी में।

आजीविका : प्रारंभ में इटावा की कचहरी में टाइपिस्ट का कार्य किया। फिर सिनेमाघर की एक दुकान पर। लंबी बेकारी के बाद दिल्ली आकर सफाई विभाग में टाइपिस्ट की नौकरी प्रारंभ की। दिल्ली में नौकरी छूट जाने के बाद कानपुर के डी.ए.वी. कॉलेज में क्लर्की की। फिर 'वाल्कट ब्रदर्स' नामक कंपनी में पाँच वर्ष तक टाइपिस्ट का काम किया। इसके बाद मेरठ कॉलेज में हिंदी प्राध्यापक के रूप में कार्य किया। मेरठ कॉलेज के बाद 'नीरज' धर्म समाज कॉलेज, अलीगढ़ में प्राध्यापक बने और तत्पश्चात मुक्ताकाशी लेखन में जुट गए। कवि सम्मेलनों में देश भर में घूमे। मुम्बई के फिल्म उद्योग से जुड़े और कई यादगार गीत लिखे। तब से आज तक अलीगढ़ में रहकर फ्री लांसिंग कर रहे हैं।

प्रकाशित कृतियाँ : नदी किनारे, लहर पुकारे, बादर बरस गयो, प्राण गीत, दर्द दिया है, मुक्तकी, दो गीत, लिख-लिख भेजत पाती, नीरज की पाती, आसावरी, गीत-अगीत, नीरज की गीतिकाएँ, वंशीवट सूना है, आज के लोकप्रिय हिंदी कवि 'नीरज' (संपादन : क्षेमचन्द्र सुमन), हिंदी रुबाइयाँ (संपादित) आदि।

शोध	:	कवि गोपालदास 'नीरज' के व्यक्तित्व एवं कृतित्व के विभिन्न पक्षों पर अनेक विश्वविद्यालयों में शोध हुआ है।
फिल्म	:	'नीरज' ने 'नई उमर की नई फसल' के माध्यम से फिल्मों में प्रवेश किया और 'कारवाँ गुज़र गया गुबार देखते रहे' की धूम मची। इसके अलावा उन्होंने 'मेरा नाम जोकर', 'शर्मीली', 'प्रेम पुजारी' आदि फिल्मों में गीत लिखे।
सम्मान	:	'नीरज' को अनेक संस्थाओं, राज्य सरकारों से अगणित सम्मान मिले। भारत सरकार ने उन्हें 'पद्मश्री' से अलंकृत किया। नगर-नगर में 'नीरज निशाएँ' आयोजित हुईं। सन् 2000 में उनकी हीरक जयंती अनेक संस्थाओं द्वारा मनाई गई।
सम्प्रति	:	आजकल 'नीरज' स्वतंत्र लेखन करते हुए देश-विदेश में गीत-ग़ज़ल का परचम लहरा रहे हैं। मंच के व्यस्ततम कवियों में उनकी गणना है।

●●●